MARCO ANTÔNIO LAGE

O MUNDO PODE SER MELHOR

árvore da vida
A EXPERIÊNCIA DA FIAT CHRYSLER

autêntica

Copyright © 2015 Marco Antônio Lage
Copyright © 2015 Autêntica Editora

Todos os direitos reservados pela Autêntica Editora. Nenhuma parte desta publicação poderá ser reproduzida, seja por meios mecânicos, eletrônicos, seja via cópia xerográfica, sem a autorização prévia da Editora.

APURAÇÃO E TEXTO BASE
Bernardino Furtado

EDIÇÃO E REVISÃO DE CONTEÚDO
Conceito Comunicação
    José Eduardo Gonçalves
    Sílvia Rubião

COORDENAÇÃO DE CONTEÚDO
Ana Luiza Veloso
Luciana Costa

FOTOGRAFIAS DO MIOLO
Studio Cerri
MPerez (página 103)

FOTOGRAFIAS COLORIDAS
Andreas Heiniger

EDITORA RESPONSÁVEL
Rejane Dias

TRADUÇÃO DO PREFÁCIO
Fernando Scheibe

REVISÃO
Renata Silveira

PROJETO GRÁFICO E DIAGRAMAÇÃO
Diogo Droschi

DIAGRAMAÇÃO
Waldênia Alvarenga

IMAGEM DE CAPA
Studio Cerri

COLABORAÇÃO
Alessandro Cerri
Ana Cristina Mazeo
André Barreto
Caroline Melo
Ellen Dias
Fernando Elias
Guilherme Guerra
Jacopo Sabatiello
Luiz Guilherme Gomes
Martionei Gomes
Roberto Baraldi

Dados Internacionais de Catalogação na Publicação (CIP)
(Câmara Brasileira do Livro, SP, Brasil)

Lage, Marco Antônio
    O mundo pode ser melhor – Árvore da Vida: a experiência da Fiat Chrysler / Marco Antônio Lage. -- 1. ed. -- Belo Horizonte : Autêntica Editora, 2015.

    ISBN 978-85-8217-785-3

    1. Cidadania 2. Comunidades - Desenvolvimento 3. Desenvolvimento social 4. Empresas - Responsabilidade social 5. Fiat Chrysler Automobiles 6. Jardim Teresópolis (MG) - Desenvolvimento social 7. Participação social 8. Programa Social Árvore da Vida I. Título.

15-08616   CDD-305.07

Índices para catálogo sistemático:
1. Programa de inclusão social : Sociologia 305.07

Belo Horizonte
Rua Carlos Turner, 420
Silveira . 31140-520
Belo Horizonte . MG
Tel.: (55 31) 3465-4500

Televendas: 0800 283 13 22
www.grupoautentica.com.br

Rio de Janeiro
Rua Debret, 23, sala 401
Centro . 20030-080
Rio de Janeiro . RJ
Tel.: (55 21) 3179 1975

São Paulo
Av. Paulista, 2.073,
Conjunto Nacional, Horsa I
23º andar . Conj. 2301 .
Cerqueira César . 01311-940
São Paulo . SP
Tel.: (55 11) 3034 4468

Dedico este livro à minha avó, Lia Lage, que no lombo de um cavalo alazão distribuía aos camponeses da região o que sua fazenda produzia, indo de casa em casa alimentar o próximo. Para meu irmão economista, foi ela quem inventou a cesta básica. Para mim, ela ensinou a enxergar o outro.

Acredito que a gente só pode dar aquilo
que tem. Se temos, é porque recebemos. Se
olho para o mundo com AMOR, é porque
minha família nele me envolve. Harcy, Eunice,
Raquell, Bernardo, Breno, José Gabriel e
João Francisco; meus amores incondicionais
que fazem com que eu tenha muita força para
ainda querer plantar várias Árvores da Vida.
Obrigado.

Agradecimentos

Ao Comitê Diretivo da Fiat Chrysler Automobiles (FCA), pelo apoio permanente à estratégia de atuação de responsabilidade social, acreditando na integração com a comunidade como forma genuína e perene de participação no desenvolvimento local.

A cada um dos profissionais que se envolveu e se dedicou ao Árvore da Vida, especialmente aos que compuseram e compõem a equipe de Relacionamento com a Comunidade e aos demais colegas da FCA, da Fundação AVSI e da CDM.

À comunidade do Jardim Teresópolis, que se abriu para o Árvore da Vida e o incorporou como um dos caminhos para a melhoria contínua da qualidade de vida em seu território, especialmente os beneficiários do Programa.

A todos os personagens deste livro, que emprestaram suas histórias para dar vida à narrativa.

Aos representantes do poder público e dos conselhos ligados à criança e ao adolescente, que colocaram à disposição do Árvore da Vida as ferramentas disponíveis para apoiar o crescimento do programa.

Aos voluntários que se envolveram, doando seu tempo, sua experiência e seu talento para a realização deste projeto.

A todos os parceiros da Rede Fiat de Cidadania: empresas, instituições, imprensa, universidades e órgãos de fomento, frutos do entendimento de que bons resultados dependem de cooperação e colaboração.

	John Elkann	13
	Sérgio Marchionne	15
	Stefan Ketter	17
Prefácio	*Domenico De Masi*	19
Apresentação	*Chico Pinheiro*	35
Introdução	O NOSSO JARDIM	41
Capítulo 1	O INÍCIO DE TUDO	45
Capítulo 2	A ARTE NOS MUROS	77
Capítulo 3	SONHOS EM MOVIMENTO	87
Capítulo 4	UMA FAMÍLIA CHAMADA ÁRVORE DA VIDA	97
Capítulo 5	FORMANDO CIDADÃOS	105
Capítulo 6	COOPERÁRVORE – O PROTAGONISMO DAS MULHERES	123
Capítulo 7	ESTÍMULO À ECONOMIA LOCAL	141
Capítulo 8	PENSANDO EM REDE	151
Capítulo 9	A TRANSFORMAÇÃO PELA ARTE	161
Capítulo 10	O FUTURO JÁ COMEÇOU	179
Epílogo	HISTÓRIAS DE HOJE E SEMPRE	195
Apêndice	COMPARTILHANDO RESULTADOS	197

HISTÓRIA DE TRANSFORMAÇÃO
Cledorvino Belini 217

AUTOR E SUA OBRA 219

Desde que deu seus primeiros passos, há 10 anos, o Árvore da Vida cresceu e vem envolvendo cada vez mais pessoas, sempre ampliando seu raio de ação.

Os objetivos pelos quais foi criado são os mesmos que o guiam hoje: contribuir concretamente para a construção de um modelo de desenvolvimento que seja econômico, mas também social e cultural, no qual se destaque a importância da educação e da participação ativa de todos.

Os resultados encorajadores obtidos nessa década nos estimulam a prosseguir com convicção e orgulho nessa direção. Essa é uma árvore que deu bons frutos. A experiência que acumulamos nesses anos de trabalho merece ser valorizada não apenas no Brasil, mas também em todas as comunidades em que estamos presentes.

John Elkann
Presidente do Conselho de Administração
da Fiat Chrysler Automobiles

O que realizamos aqui no Brasil é uma referência para as nossas iniciativas sociais em todo o mundo. Iniciativas como essa empoderam as pessoas em primeiro lugar. Elas fazem a diferença e criam mudanças de longo prazo nas nossas comunidades.

A dinâmica capitalista da busca pelo lucro acima da responsabilidade moral não apenas nos priva da nossa humanidade como também ameaça nossa perenidade.

Como líderes, é responsabilidade nossa fomentar, individual e coletivamente, a esperança de um futuro melhor e lutar para que ele se torne realidade.

É isso que o programa Árvore da Vida significa para a FCA.

Sérgio Marchionne
CEO Mundial da Fiat Chrysler Automobiles

A base e razão das empresas são as pessoas. Não se pode dissociar a atividade de empreender do objetivo de desenvolver pessoas e a própria sociedade. Esta visão se fortalece cada vez mais como valor da Fiat Chrysler Automobiles (FCA) em todo o mundo e orienta a ética dos nossos negócios. Todo o esforço que a empresa faz para se modernizar, ser mais competitiva, desenvolver novos produtos e serviços, atender e superar expectativas dos consumidores, leva em consideração que estamos inseridos em um ambiente social que precisa se desenvolver de modo equilibrado, pois somente assim poderemos almejar ser sustentáveis. O Árvore da Vida surge desse esforço coletivo de preparar, plantar e colher. O encontro de caminhos entre FCA, setor público, terceiro setor, comunidade e outros parceiros essenciais atesta que a união de competências e boa vontade consegue transformar vidas e a própria realidade. São exemplos que ficam, que ajudam o desenvolvimento de um lugar, que deixam um legado para as futuras gerações e frutos a colher.

Stefan Ketter
Presidente da FCA para a América Latina

PREFÁCIO

Domenico De Masi

GENEROSIDADE SOCIAL

Assim como ao abrir a caixa de um relógio pode-se ver, uma a uma, as engrenagens em funcionamento, assim também, lendo este relato dos 10 anos de existência do Árvore da Vida, pode-se voltar a percorrer, com emoção e admiração, o nascimento e a evolução de um precioso modelo de desenvolvimento local.

A América Latina é rica em episódios muito tocantes de generosidade social. Em Joinville, Santa Catarina, graças a um *insight* genial do ex-governador Luiz Henrique Silveira, 800 jovens da favela foram beneficiados com bolsas de estudo para frequentar uma escola de dança clássica – que conta com a colaboração da mítica Academia de Balé Bolshoi, de Moscou – em tempo integral, realizando assim a miraculosa transformação de meninos de rua em príncipes da beleza.

Em Salvador, o Projeto Axé, criado em 1990 por iniciativa de Cesare De Florio La Rocca, tem o objetivo de recuperar crianças e adolescentes de rua excluídos da vida social, afetiva e institucional, partindo da ideia de que "a arte torna visíveis crianças e jovens invisíveis para a sociedade". Com seu método baseado na pedagogia do desejo, focado no acolhimento e na inclusão, o projeto já recuperou e reinseriu no mundo familiar, escolar e social mais de 18.000 jovens, com uma taxa de sucesso de cerca de 85%. Atualmente, ele trabalha com aproximadamente 1.000 jovens através de percursos de recuperação que incluem a aprendizagem de disciplinas artísticas (música, dança, artes visuais, moda), o apoio à frequência escolar e o retorno à família.

Ainda em Salvador, Carlinhos Brown, líder do grupo Timbalada e um dos criadores do samba-reggae, transformou estética, social e economicamente a favela do Candeal – onde cresceu – através da música e da educação musical dos jovens, tirando-os assim das drogas e da violência.

Em Foz do Iguaçu, o prefeito Paulo Mac Donald construiu, em cada favela da cidade, uma escola para alunos de 2 a 15 anos. Nelas, todos os dias, 30.000 crianças e jovens recebem acolhida, alimentação e instrução completa, seguindo um método inspirado no conceito de ócio criativo e que mistura estudo, trabalho e lazer.

VOCAÇÃO BRASILEIRA

A experiência descrita neste livro de Marco Antônio Lage faz parte da vocação natural brasileira, em que lutam entre si dois tipos contrastantes de pulsões. De um lado, pulsões negativas – como o contágio consumista e a tentação de ceder às solicitações estéreis do mercado externo, que apelam para os piores aspectos da brasilidade: o excesso cromático e sonoro, certa sensualidade desregulada, o exotismo provincial e a dissipação do patrimônio natural; a que podem se somar a falta de autoestima, a xenofilia exacerbada, o escasso senso da "coisa pública", o recurso à astúcia como substituta da inteligência, a não confiabilidade, a violência. De outro, pulsões positivas – como o senso da hospitalidade e da amizade, a cordialidade, a sociabilidade, a generosidade, o bom humor, a alegria, o otimismo, a espontaneidade, a criatividade, a persistência de valores básicos como o ritmo, a sensualidade sem complexos, a festividade, a exaltação das cores e dos sabores, a interculturalidade, a capacidade de copiar e de inventar. O brasileiro é informal e sabe trabalhar em grupo, é fluido em seus processos de decisão, não tem preconceitos ideológicos, aprende fazendo, tende a conjugar o trabalho com a diversão, é prestativo, atencioso, afável, afetuoso. A sua religião e sua fé, como a sua vida, são pautadas pelos conceitos de tolerância e curiosidade.

A mistura de fatores tão diversos, que em outros contextos se tornaria destrutiva, tem resultados benéficos no Brasil. A paciência, a capacidade de se mover entre diferentes códigos de comportamento e de reinterpretar as regras, as normas e as linguagens são atitudes frequentes, assim como a tendência a considerar fluidos os limites entre o sacro e o profano, o formal e o informal, o público e o privado, a emoção e a regra. O "jeitinho brasileiro" é exatamente isto: um modo de harmonizar os contrastes, de driblar os obstáculos, de usar com certa desenvoltura inclusive expedientes que vão além das regras.

Como já dizia Gilberto Freyre: "A mentalidade brasileira não se escandaliza com o jogo dos contrastes, confrontos, paradoxos, misturas e antinomias. O Brasil vive o sincretismo, a conjugação dos opostos, o casamento daquilo que é inconciliável à primeira vista".

O conceito de "brasilidade" remete imediatamente ao encontro e as relações interpessoais. As relações englobam os indivíduos. O individualismo assume uma acepção negativa. "Viver" significa ter relações sociais. "Saudade" significa a lamentável interrupção dessas relações.

No plano social, a função unificadora é desempenhada pelo sincretismo cultural, pelas grandes festas civis e religiosas incorporadas no modo de viver popular, pela música, pelo papel da mulher na vida social, pela sensualidade sem culpa ("Não existe pecado do lado de baixo do Equador", canta Chico Buarque). Já num nível mais intelectual, o que desempenha essa mesma função unificadora é a acentuada capacidade de reciclagem cultural através de uma permanente atividade de assimilação, adaptação, releitura, antropofagia.

A EXPERIÊNCIA DO JARDIM TERESÓPOLIS

O Brasil é aberto ao novo e às mudanças; mesmo nos piores momentos, enfrenta a realidade com sentimento positivo. Mas também aqui, como em todo o Ocidente, uma luta feroz entre tradição e inovação está em curso. Sendo jovem, o país tende a se renovar misturando, contudo, o novo com o velho, propiciando um modo original de evoluir, adaptando, aceitando, modificando, tornando mais problemático e complexo − mas também mais rico − seu modelo de vida em estado nascente.

O Árvore da Vida oferece um testemunho vivo de tudo isso. Nos anos 1970, uma grande fábrica da Fiat se instalou em Betim (MG). Do outro lado da BR-381, onde a grande montadora imperava com sua imponente modernidade tecnológica e global, atraída justamente por essa presença forte e misteriosa, foi se formando uma comunidade de 33.000 moradores, o Jardim Teresópolis, "os filhos feios da Fiat", como diz um deles.

Ali, em 2004, graças à visão, ao empenho e à coragem de Marco Antônio Lage, nasceu o projeto Árvore da Vida que, como o próprio nome indica, propôs-se a "plantar as sementes da transformação, fazê-las germinar, crescer e gerar frutos". O projeto apostou no fortalecimento da comunidade, na educação e na geração de trabalho e de renda, envolvendo os jovens e os profissionalizando, colaborando com as famílias e com as escolas, combatendo o analfabetismo, incentivando o empreendedorismo, o esporte e a cultura, interagindo com as instituições locais.

"Um projeto ambicioso", diria o general De Gaulle, mas executado de modo impecável por Marco Antônio Lage e seus numerosos colaboradores nessa magnífica aventura. Para constatá-lo, basta contemplarmos retrospectivamente as diversas etapas concluídas nesses 10 anos e os surpreendentes resultados atingidos. Um começo afortunado, com um Brasil que via seu PIB crescer 5% ao ano, com o governo Lula comprometido com o bem-estar social, com a Fiat de Betim transformada na segunda maior montadora de automóveis do mundo, atrás apenas da Hyundai da Coreia do Sul.

Porém, fiel a suas contradições, o mesmo Brasil via crescer o desemprego, a violência e a desigualdade entre ricos e pobres. Contradições que a BR-381 representava e sintetizava num grau inquietante: bem na frente da segunda maior fábrica de automóveis do mundo – "um gigante a vomitar milhares de carros todos os dias" –, apodrecia um pedaço de periferia onde a miséria, a falta de serviços, o analfabetismo, o tráfico de drogas, a inexistência de uma praça, de um parque, de um espaço de socialização e a ausência do Estado provocavam pelo menos 40 homicídios por ano, a maior parte de jovens na faixa dos 20 anos.

E foi daí que nasceu em Marco Antônio, um dirigente da Fiat, a necessidade de entrar em contato com essa população desesperada, escutá-la, compreendê-la e estudá-la, para conhecer suas exigências, aumentar sua autoestima, conferir dignidade às famílias, orientar e educar os jovens, acompanhá--los no trabalho, dar um conteúdo para o tempo livre e uma organização à coletividade.

AS ETAPAS DA INTERVENÇÃO

É comovente percorrer as etapas através das quais Marco Antônio e sua equipe, junto aos moradores do Jardim Teresópolis, atingiram, com paciência, humildade, competência e visão, todos os objetivos a que tinham se proposto. Lendo este livro encontramos o clima, a intensidade e a felicidade das grandes pesquisas sociológicas – de *Middletown*, o célebre estudo de Robert e Helen Lynd, a *Sociedade de esquina,* de William Foote Whyte. Com a diferença de que, neste caso, o escopo e o resultado não se limitam a *compreender* uma comunidade por meio de uma pesquisa explicativa, mas conseguem *modificar* profundamente sua realidade social graças a uma pesquisa-intervenção.

Os começos são cautelosos e respeitosos: são feitos os primeiros contatos com os líderes informais, buscam-se experiências análogas, professores e filantropos que já realizaram empreendimentos do mesmo tipo para trocar experiências. A esta fase externa à empresa corresponde uma fase interna para convencer a direção da importância e necessidade desse empenho social no Jardim Teresópolis, até fazê-la aceitar sua responsabilidade e seus riscos.

Assim começa o trabalho de alfabetização dos moradores. Em seguida, valoriza-se o capital social, organizando-se as primeiras reuniões com os moradores e deslocando o foco das discussões das carências para as potencialidades de cada um. Encontra-se, então, o nome Árvore da Vida, que exclui intencionalmente a palavra Fiat. Mais tarde ele ganha visibilidade com duas edições do Muros do Jardim Teresópolis, projeto em que jovens grafitavam muros de diversas ruas da comunidade. São organizadas viagens com os jovens para diversas cidades, a fim de levá-los a conhecer outros mundos e ver o mar. Posteriormente surge o Cine Jardim, projeto em que são organizadas projeções cinematográficas de 21 filmes brasileiros numa sala de 600 lugares. Em 2008, nasce o Centro de Apoio à Família para enfrentar os problemas de drogas, alcoolismo e violência contra a mulher por meio de reuniões de grupo, cursos e conferências sobre a saúde familiar. Então são organizados um coral e um grupo de percussionistas. Tudo isso para fazer os jovens compreenderem que a escolha pelo trabalho duro e pelo ganho modesto em detrimento do lucrativo tráfico de drogas traz como recompensa um aumento de confiança, generosidade, coragem, tolerância, lealdade, paciência e honestidade. E, sobretudo, de autoestima.

Daí a formação humana e profissional, e não apenas a preparação dos jovens para o trabalho, seja na Fiat e em suas concessionárias, seja em outras fábricas da região, seja em pequenas empresas criadas pelos moradores com a assistência de especialistas, seja na Cooperárvore, onde, com a ajuda de designers profissionais, materiais descartados pela Fiat são reaproveitados e transformados em objetos esteticamente originais e atraentes. Nasce, assim, a ideia de criar uma organização formal dos empreendedores, e daí surge a Associação Comercial do Jardim Teresópolis (ASCOTE). Finalmente, todas as iniciativas nascidas no seio do Árvore da Vida percebem a necessidade de criar uma rede entre si e fundam oficialmente a Rede de Desenvolvimento Social do Jardim Teresópolis, que publica guias das instituições, propõe à prefeitura soluções para o tráfico, mantém as reuniões mensais do Fórum de Instituições da Rede para decidir quais as prioridades sociais a serem atendidas e organiza as Semanas do Bem para difundir o conceito de *bem comum* e realizar marchas pela paz. É intenso, também, o empenho do Árvore da Vida no estímulo à educação artística. O coral e os diversos eventos organizados são um resultado muito eloquente disso. Trata-se de ações voltadas não para indivíduos, solistas, mas para a cooperação coletiva em que cada um completa o outro de maneira disciplinada para alcançar a harmonia.

O EXEMPLO VENEZUELANO

Este último conceito aproxima o Árvore da Vida de outro exemplo de empenho social brasileiro: a esplêndida Orquestra

Sinfônica Juvenil da Bahia, regida por Ricardo Castro, que, junto a outras orquestras análogas reúne hoje uma multidão de jovens pertencentes, sobretudo, às classes baixas que entraram nesse caminho das maravilhas, derrubando o *apartheid* cultural que fazia da música clássica um privilégio da burguesia. A orquestra baiana, por sua vez, inspira-se no sistema das orquestras juvenis criado na Venezuela por José Antonio Abreu.

Abreu é um homenzinho baixinho e magrinho como Gandhi que está revolucionando a Venezuela e a América do Sul com a mesma genialidade branda com que o Mahatma revolucionou a Índia. Hoje, só na Venezuela, são cerca de 350.000 crianças e jovens organizados em 400 orquestras e 1.500 corais. Ao programa de educação normal soma-se o programa de educação especial, ou seja, a inserção de crianças com deficiência de visão ou de audição, com dificuldades motoras ou autismo, para poder integrá-las na sociedade através da música.

"O que é uma orquestra?", pergunta-se Abreu. "A orquestra é uma comunidade que tem como característica essencial e exclusiva – pois só ela tem essa característica – ser a única comunidade que se constitui com o objetivo essencial de unir pessoas em seu interior. Por isso, quem faz parte de uma orquestra começa a viver aquilo que devemos chamar de *concerto*. O que significa *concerto*? Significa a filosofia do grupo que se reconhece como interdependente, em que cada um é responsável por todos e todos são responsáveis por cada um. Reunir-se por quê? Para gerar beleza".

Nessas poucas palavras se concentra toda a sociologia do subdesenvolvimento e toda a estratégia do desenvolvimento elaborada por Abreu. Subdesenvolvimento significa incapacidade de trabalhar coletivamente, incapacidade de se organizar e definir um objetivo de crescimento a ser buscado prioritária e sinergicamente, com método e tenacidade. Abreu propõe como instrumento pedagógico a orquestra sinfônica e como objetivo a beleza. Diz ainda: "Todo aquele que ao tocar gera beleza e harmonia musical, começa a conhecer dentro de si a harmonia essencial: a harmonia humana. Aquilo que só a música pode comunicar ao ser humano é a revelação que transforma, sublima e desenvolve por dentro o espírito humano".

Sob a regência genial de Abreu, verificou-se um enésimo milagre. Toda cidade, grande ou pequena, da Venezuela tem sua orquestra; de toda orquestra emerge espontaneamente um regente. Todo regente é convidado por sua cidade a desempenhar o papel de prefeito, isto é, a gerir a coletividade como se fosse uma orquestra. De modo que o recrutamento das elites políticas, sujeito em todo o mundo às vicissitudes dos partidos, começa a se dar na Venezuela através da excelência no campo cultural.

MUITOS PARA MUITOS

Qual é o significado profundo do Árvore da Vida, assim como dos outros exemplos que evoquei? Por séculos, a cultura – política, filosófica, científica ou artística – foi produzida por poucos privilegiados e destinada a poucos privilegiados. Uma sonata de Mozart, concebida e executada por ele, era reservada ao mecenas e a sua pequena corte. Depois, com o advento dos *mass media*, a cultura passou a ser produzida por poucos autores e destinada a muitos consumidores. A mesma sonata de Mozart pode ser hoje executada por um grande pianista e ouvida por milhões de pessoas.

Mas através de projetos miraculosos como o Sistema de José de Abreu ou como o Árvore da Vida, idealizado e posto em prática por Marco Antônio Lage e sua equipe, realiza-se aquilo que por milênios representou um dos sonhos mais utópicos da humanidade: finalmente a cultura é produzida por muitos e destinada a muitos. Quem quer que saiba tocar pode gravar e vender seus discos; quem quer que saiba pintar pode estampar e multiplicar suas litografias, quem quer que saiba fotografar pode difundir suas obras em todo o mundo através da internet. A tecnologia digital permite a reprodução e a difusão da arte visual por toda parte e em tempo real. O design, por sua vez, torna doméstico o gozo do belo, trazendo-o para nossa vida cotidiana, enriquecendo-a.

Na Florença dos Médici, se um menino demonstrava um mínimo de vocação artística era confiado a um mestre que o instruía em casa até a maioridade transmitindo-lhe estilo, técnica e caráter. Na Escócia do século XIX, Robert Owen, um dos pais do socialismo utópico, criou a New Lanark, uma cidade ideal que até hoje maravilha seus visitantes, onde as crianças frequentavam em tempo integral uma escola-modelo que identificava seus talentos e os aprimorava para valorizá-los profissionalmente.

A Florença do século XV, a New Lanark do século XIX e, hoje em dia, o Árvore da Vida representam três diferentes expressões do amor pelas crianças, pelos jovens, pelos cidadãos e pela comunidade. A experiência conduzida no Jardim Teresópolis por Marco Antônio Lage e sua equipe criou um sistema pós-industrial de *muitos* mestres para *muitos* alunos. A pedagogia pós-industrial não visa mais descobrir os raros gênios e canalizar para eles toda a formação: visa educar toda a coletividade, começar pelos mais desfavorecidos, para fazer com que, como dizia Marx, qualquer garoto que tenha dentro de si um Mozart ou um Michelangelo possa expressá-lo em toda sua grandeza.

O QUE PODEMOS APRENDER COM O ÁRVORE DA VIDA

Mas, se o Jardim Teresópolis aprendeu tanto com a Fiat e com Marco Antônio Lage e sua equipe graças ao Árvore da Vida, será que há alguma coisa que a Fiat pode aprender com essa experiência fora do comum, que pertence mais ao terceiro setor do que ao empreendedorismo industrial? Foi essa mesma pergunta que, anos atrás, Peter Drucker se fez num ensaio intitulado "What Business Can Learn from Nonprofits" [O que as empresas podem aprender com organizações sem fins lucrativos].

Eis, em minha opinião, 22 pontos sobre os quais os dirigentes da Fiat, filhos privilegiados da grande empresa automobilística instalada deste lado da BR 381, podem refletir com base na lição dada pelos "filhos feios da Fiat", que moram na pobreza do Jardim Teresópolis, do outro lado da mesma rodovia. Eles que, junto com Marco Antônio Lage e as fileiras sempre crescentes de seus generosos colaboradores, deram vida a esse extraordinário exemplo de "terceiro setor" representado pelo Árvore da Vida.

1. No "terceiro setor", o que predomina é a missão, claramente definida, que se coloca como prioritária em relação a qualquer outra coisa. A missão é uma paixão. Já nas empresas, a missão frequentemente não é definida ou compartilhada, raramente tem um valor forte e envolvente, e não exige paixão, mas cálculo.

2. No "terceiro setor", o dinheiro provém de doações, patrocínios ou fundos públicos. Gerindo o dinheiro dos outros, as organizações sem fins lucrativos sentem-se moralmente obrigadas a utilizá-lo da melhor maneira possível. Já nas empresas, o dinheiro provém do patrimônio do empresário, dos bancos, da bolsa e do autofinanciamento.

3. As organizações sem fins lucrativos podem usar como referência, como guia de suas ações e como parâmetro de autoavaliação a própria missão traduzida em projetos. Já a empresa que gera dinheiro próprio usa como bússola o faturamento, o lucro, o saldo do balanço comercial.

4. Nas organizações sem fins lucrativos, a força inovadora, que deriva da fé na missão, tem a capacidade de vencer a resistência às mudanças. Já nas empresas, a resistência às mudanças é alimentada pelo medo do risco, pela força do hábito, pela burocratização e pelo temor de que as inovações comprometam o equilíbrio dos poderes.

5. No "terceiro setor", prevalece a tendência a partir do ambiente, da comunidade, dos futuros clientes. Nas empresas, prevalece a tendência a partir de dentro, da organização, da receita, dos arranjos de poder constituídos.

6. As organizações sem fins lucrativos são muito atentas ao próprio clima interno, à própria *group orientation* caracterizados pelo entusiasmo e pela solidariedade. As empresas mantêm, muitas vezes, um clima de hostilidade, de concorrência recíproca, de competitividade e de medo em seu interior.

7. No "terceiro setor", a organização se concentra nos resultados e no testemunho, medidos em termos de clientes conquistados e serviços prestados. Nas empresas, prevalece a manutenção dos equilíbrios internos.

8. No "terceiro setor", os voluntários são julgados não apenas com base em seus resultados, mas também por suas boas intenções e sua generosidade. Nas empresas, os funcionários são julgados com base nos resultados, no profissionalismo, na competência, na fidelidade e na subserviência.

9. Nas organizações sem fins lucrativos, embora os voluntários não recebam pagamento, seu desempenho é julgado com grande severidade. Já nas empresas, os funcionários são pagos,

mas frequentemente faltam critérios para avaliar seu rendimento e, por vezes, mesmo uma baixa eficiência é tolerada.

10. No "terceiro setor", é dada muita ênfase à organização por objetivos, o que facilita a avaliação dos voluntários com base no empenho com que os perseguem. Nas empresas, fala-se muito em delegação de poderes e organização por objetivos, mas, na realidade, vigora uma forte centralização e as tarefas são atribuídas caso a caso.

11. No "terceiro setor", a motivação voluntária e desinteressada constitui a mola propulsora do pertencimento: quem não compartilha mais a missão ou quem já não se sente motivado a trabalhar se retira. Nas empresas, continua a trabalhar mesmo quem já não compartilha a missão empresarial ou já não se sente motivado: o dinheiro pode constituir uma razão suficiente para continuar a ser funcionário.

12. Nas organizações sem fins lucrativos, ocorre uma "transformação gradual do voluntário, de amador bem-intencionado em membro treinado, profissional e não remunerado" (Peter Drucker). Em parte, isso deriva do fato de que um grande número de voluntários, mesmo antes de aderir à organização, já traz sua formação profissional; em parte, do fato de que as organizações do "terceiro setor" estão sempre mais empenhadas no treinamento dos próprios adeptos, os quais, se são jovens, buscam formação, e, se são veteranos, estão dispostos a ensinar. Já nas empresas, prefere-se substituir aqueles que estão prestes a se aposentar por jovens inexperientes, e frequentemente se subvaloriza a importância do treinamento e da formação. Em caso de crise, a formação é a primeira despesa a ser cortada.

13. Antes mesmo do treinamento, no "terceiro setor" o recrutamento e a seleção são rigorosos, confiados a especialistas internos. Já nas empresas, o recrutamento e a seleção são muitas vezes executados superficialmente por pessoas inexperientes ou por consultores externos pouco inteirados do funcionamento da empresa.

14. Nas organizações sem fins lucrativos, as relações interpessoais são informais, quentes, personalizadas, solidárias, centradas na emotividade. Nas empresas, as relações são mais formais, frias, impessoais, competitivas, centradas na racionalidade.

15. Nas organizações do "terceiro setor", o que mais conta para cada um é a gratificação moral. Nas empresas, o que mais conta é a gratificação econômica e a carreira.

16. Nas organizações sem fins lucrativos, o empenho individual é significativo e cada um se sente responsável, sabe seu papel, sabe para que serve sua contribuição pessoal e não tende a jogar sua própria responsabilidade sobre os outros. Já nas empresas, a função frequentemente não faz sentido para quem a desempenha, e muitos se sentem alheios ao sistema, ignorando até a utilidade do próprio trabalho; os funcionários são frequentemente desmotivados, tendem a jogar sobre os outros as próprias responsabilidades; as tarefas parecem corresponder mais a lógicas burocráticas que a exigências reais.

17. Nas organizações sem fins lucrativos, a criatividade vence a burocracia. Nas empresas, a burocracia muitas vezes chega a matar a criatividade.

18. Nas organizações sem fins lucrativos, prevalecem as relações horizontais entre os colegas. Nas empresas, prevalecem as relações verticais entre chefes e subordinados.

19. Nas organizações sem fins lucrativos, prevalece uma liderança carismática. Nas empresas, prevalece uma liderança profissional e burocrática.

20. Nas organizações sem fins lucrativos, prevalece em cada membro a atenção àquilo que ele deve dar aos outros. Nas empresas, prevalece em cada um a atenção àquilo que ele deve receber dos outros.

21. Nas organizações sem fins lucrativos, cada um tende a aprender o máximo possível para aumentar a qualidade dos serviços que presta. Nas empresas, cada um tende a aprender apenas o suficiente para conservar o próprio posto ou fazer carreira.

22. Nas organizações sem fins lucrativos, a disciplina provém do empenho pessoal, da atração exercida pelo líder, da adesão à missão, da fé, da generosidade, da participação no "jogo". Frequentemente o próprio trabalho tem o caráter de um "jogo". Já nas empresas, a disciplina deriva dos resultados do balanço comercial, do controle exercido pelos chefes, dos procedimentos burocráticos, do profissionalismo. O trabalho tem o caráter de uma função executiva.

COMUNIDADE COMO FELICIDADE

A história contada neste livro de Marco Antônio Lage resgata com uma lufada de generosidade afetiva a árida racionalidade tecnológica que caracteriza a vida industrial de toda grande fábrica. Essa experiência comunitária realizada no Jardim Teresópolis teria agradado a outro grande industrial: o italiano Adriano Olivetti, que dedicou toda sua vida a tecer laços entre a indústria, a cultura e as instituições públicas, para transformar a cidade do homem numa comunidade justa e feliz.

A fábrica industrial trouxe bem-estar ao mundo, mas corre o risco de causar a infelicidade de seus trabalhadores. Diz Adam Smith: "O homem que gasta toda sua vida executando algumas operações simples, cujos efeitos também são, talvez, sempre os mesmos, ou mais ou menos os mesmos, não tem nenhuma oportunidade para exercitar sua compreensão ou para exercer seu espírito inventivo [...] Ele perde naturalmente o hábito de fazer isso, tornando-se geralmente tão embotado e ignorante quanto o possa ser uma criatura humana". E Alexis de Tocqueville se pergunta: "Do que um trabalhador que passou a vida inteira fabricando cabeças de alfinete pode entender além de cabeças de alfinete?".

O experimento conduzido pela Fiat de Betim do outro lado da BR-381 demonstra quanta atenção à solidariedade e à beleza pode germinar mesmo dentro de um monstro de aço que vomita automóveis. "A vida, a felicidade e a condição jurídica de cada um", diz Hegel, "estão ligados à vida, à felicidade e aos direitos de todos. Desse sistema depende a felicidade individual". O projeto Árvore da Vida conseguiu criar uma profunda interdependência entre a fábrica e o seu contexto, entre privilegiados e marginais, ensinando a uns e outros a necessidade de enxergar longe, para além dos limites estreitos da busca de lucro imediato e da falta de recursos, colocando em prática o conselho de Saint-Exupéry: "Se você quer construir um navio, não reúna os homens para mandá-los buscar madeira e distribuir as tarefas, mas lhes ensine o desejo pelo mar amplo e infinito".

APRESENTAÇÃO
SONHOS NÃO ENVELHECEM

Chico Pinheiro
Repórter

O Homem, ser de relações, e não só de contatos,
não apenas está no mundo, mas com o mundo.
(Paulo Freire)

Uma empresa pode fabricar carros. Muitos carros. Na estratégia para vender carros, a empresa os embala em sonhos. Sonhos felizes. A propaganda não vende carros, a propaganda vende sonhos, cenários de conforto e felicidade. Nela, o carro é mais que um meio de transporte terreno, que nos leva de casa ao trabalho, à escola, ou de uma cidade à outra. Na propaganda o carro nos leva à realização do sonho. Mas carros são bens duráveis, servem às pessoas por um tempo e enferrujam, se deterioram e acabam. Sonhos, não: "Sonhos não envelhecem", alerta Márcio Borges.

Um dia, outro poeta mineiro pôs os pés na estrada que saía de Itabira e depois nos contou: "No meio do caminho tinha uma pedra" (Carlos Drummond de Andrade). Também em Minas, havia outra estrada: a BR-381. De um lado da estrada tinha uma fábrica. Fábrica de carros. Do outro lado, uma possível fábrica de sonhos. Digo possível porque, naquele tempo, não passava de um canteiro malcuidado que poderia

35

ser Jardim – só não o era porque era um jardim triste e feio que fabricava pesadelos. Jardim Teresópolis era seu nome. Ali as pessoas viviam sobressaltadas, assombradas; nele, a cada ano, tombavam mortos, assassinados por motivos banais, 40 jovens de menos de 25 anos. Não se via possibilidade de melhoria, não se via sonho possível. Dali, mais de 30 mil pessoas viam a fábrica lá do outro lado da estrada. E ela parecia, nas palavras de Marco Antônio Lage, "um gigante a vomitar milhares de carros todos os dias". Marco Antônio vivia na barriga do gigante. Trabalhava e passava o dia na fábrica. Mirava o outro lado da estrada e via pessoas que viviam em casebres pobres num cenário triste. Jardim sem flores sob o sol vermelho abrasador. Mas sonhava, buscando um olhar mais territorial, para além dos muros da fábrica. Sonhava com a empresa saindo de si mesma, fabricando carros e um grande sonho: um belo "sonho de amor Brasil". Mas a fábrica, o gigante poderoso, temia o outro lado da estrada. Seus guardiães recomendavam cuidado. Lá existia uma fera perigosa, diziam. "Sempre é bom ter cuidado. Melhor é não cutucar a onça com vara curta." Mas Marco Antônio via gente lá. E falava consigo mesmo: "Onde há gente, há esperança; e onde há esperança, há possibilidades!". Sim, era preciso trabalhar e crer para transformar pesadelos em sonhos. E um sonho sonhado por muitos pode ser real.

Foi assim que Marco Antônio um dia cruzou a estrada. Sonhava com uma bela história de amor. Não sentia medo de amar. Em sua cabeça, girava uma canção:

> *O medo de amar é não arriscar*
> *Esperando que façam por nós*
> *O que é nosso dever: recusar o poder*
> *O medo de amar é o medo de ter*
> *De a todo momento escolher*

Com acerto e precisão
A melhor direção
("O medo de amar é o medo de ser livre", Beto Guedes e Fernando Brant)

E começou. Primeiro era preciso conhecer. Ninguém pode amar o que não conhece. E foi ter com os moradores de lá – homens, mulheres, jovens e meninos. Ouvia suas histórias, observava-lhes os rostos. E se deixava conhecer. Sentiu que podiam começar juntos um trabalho paciente de transformação. Dele e deles. Daquele "jardim" e de uma fábrica. Missão difícil de que muitos descreem. Missão sem fim. Mas obra possível para quem "possui essa estranha mania de ter fé na vida". E que não se constrói sozinho. Foi então que convidou mais gente. Chamou outros que trabalhavam na Fiat. Gente da comunicação, da área social e mesmo outros da diretoria. Foi, aos poucos, convidando parceiros para o seu "sonho real" do outro lado da estrada.

Vem andar comigo
Numa beira de estrada
Desse lado ensolarado
Que eu achei pra caminhar
("Sonho real", Lô Borges e Ronaldo Bastos)

Porque se chamava moço
Também se chamava estrada
Viagem de ventania
Nem se lembra se olhou pra trás
Ao primeiro passo, aço, aço
Porque se chamava homem
Também se chamavam sonhos
E sonhos não envelhecem.
("Clube da esquina II", Milton Nascimento, Lô Borges e Márcio Borges)

Este livro conta essa história. Uma história sem fim, que começou há mais de 10 anos e que vai dar não se sabe onde – "agora não pergunto mais pra onde vai a estrada" ("Fé cega, faca amolada", Milton Nascimento e Ronaldo Bastos). E é assim que vão crescendo para o "sonho de amor Brasil", como diria Milton Nascimento, um lugar chamado Jardim Teresópolis e uma fábrica chamada Fiat. Desse encontro nascem carros, poesia, arte, música, trabalho, educação, cidadania.

A fábrica muda o jardim e o jardim muda a fábrica. Assim mudamos um pouco o planeta, nossas vidas e construímos um tempo novo e melhor para se viver. E o sonho do carro próprio deixa de ser argumento publicitário para se tornar realidade e ser, de fato, valor agregado ao produto. Fruto de trabalho é produto de valor incomensurável, porque é vida, com sustentabilidade, solidariedade, sentido e razão de ser. Da fábrica e dos que com ela se envolvem – os *stakeholders*, se preferirem a expressão dos gestores.

Agora resta ler a história toda, contada até agora, com cada momento denso de emoção. Resta deixar-se melhorar por causa dela. Eu li, me emocionei e renovei minha esperança, algo tão necessário nos tempos em que vivemos, às vezes cheios de egoísmo e desencantos. À medida que lia e à medida em que escrevia este texto, sem perceber, meu coração e minha mente voavam pelo Clube da Esquina. Milton Nascimento, Fernando Brant, Márcio e Lô Borges, Beto Guedes e Ronaldo Bastos traziam canções para me embalar. Leiam, ouçam música, sonhem e amem. "Qualquer maneira de amor vale a pena, qualquer maneira de amor vale amar" ("Paula e Bebeto", Caetanos Veloso).

Falo assim por saber
Se muito vale o já feito, mais vale o que será
Mas vale o que será [...]

E o que foi feito é preciso conhecer para melhor prosseguir
Falo assim sem tristeza, falo por acreditar
Que é cobrando o que fomos que nós iremos crescer [...]

A tribo toda reunida, ração dividida ao sol [...]

E até mesmo a fé não era cega nem nada [...]
Hoje essa vida só cabe na palma da minha paixão
Devera nunca se acabe, abelha fazendo o seu mel
No pranto que criei, nem vá dormir como pedra e esquecer
O que foi feito de nós
("O que foi feito deverá/O que foi feito de Vera", Milton
Nascimento, Fernando Brant e Márcio Borges)

Dou fé!

Rio de Janeiro, novembro de 2015

INTRODUÇÃO
O NOSSO JARDIM

Eles se chamam Jaime, Benedito, Enedina, Geraldo, Geane, Genalva, Marcus Vinícius, Renan, Renata, Cleverson, Débora, Bruno, João Pedro, Tássia, Lucas, Scarlet, Marco Túlio, Rafael, Filippo, Paulo Eloísio, Alcides, Shirlei, Daiane, Iracema, Claudineia, Jenifer, Welbert, Kersen, Jussara, Regiane, Delvira, Evaldo, Gilmar, Toninho, Gilton, João Paulo, Alex, Sabrina, Ystael, Cídero, Vera. Mas poderiam ser muitos outros que compõem a geografia humana deste país de tantas faces. Um Brasil belo, de largas fronteiras, miscigenado, fértil, generoso, multicultural, mas profundamente desigual. Um país rico de possibilidades em que o abandono, o medo, a injustiça, a indiferença, a violência e a irresponsabilidade tantas vezes prevalecem, lançando uma sombra de incertezas sobre um futuro sempre postergado.

São homens e mulheres; crianças, jovens, adultos e idosos; trabalhadores e empreendedores, todos personagens deste livro. Pessoas simples, batalhadoras, de muita coragem, possuidoras daquela "estranha mania de ter fé na vida". Além das dores de pertencer a este Brasil profundo, perdido em seus problemas e contradições, partilham um mesmo território – o complexo do Jardim Teresópolis, formado pelos bairros Vila Bemge, Vila Recreio e Jardim Teresópolis, comunidade de cerca de 33 mil habitantes situada em Betim, Minas Gerais. Muitos ali nasceram. Outros ali instalaram seus pequenos negócios. Outros ali chegaram em busca de oportunidades e dias melhores, deixando para trás suas raízes e um passado comum de muitas lutas e decepções. Vieram em meados da década de 1970, atraídos pela instalação da Fiat Automóveis na região.

Se por um lado estavam certos em ver numa montadora de automóveis as perspectivas de prosperidade e de bons empregos que os grandes empreendimentos sempre trazem, por outro, frustraram-se ao se verem barrados pela baixa qualificação. E este era o menor dos problemas daquela comunidade, que convivia com os piores indicadores de educação, saúde e violência, sendo uma das recordistas do país em homicídios por número de habitantes. E assim permaneceram durante muitos anos, cobertos por um manto de invisibilidade ao lado da poderosa Fiat, símbolo de pujança, beleza e modernidade, tendo a separá-los apenas estreitas faixas de asfalto. "Nós somos os filhos feios da Fiat", chegou a dizer um morador do Jardim Teresópolis ao contemplar a fábrica do outro lado.

Essa situação só começou a mudar em 2003, quando a empresa decidiu rever sua política de relacionamento com a comunidade até então focada em projetos socioeducativos dirigidos a estudantes de escolas públicas em diversas cidades brasileiras. Eram projetos de excelência, mas de ações pontuais e pulverizadas, que se perdiam diante do gigantismo do país e da complexidade dos seus problemas, além de não criarem a alavanca da transformação social, do desenvolvimento inclusivo e da sustentabilidade. Para mudar, a empresa não precisou ir longe; apenas dirigiu seu olhar para o vizinho mais próximo – o Jardim Teresópolis.

Assim foi criado, em 2004, o programa Árvore da Vida, tema deste livro. Inspirando-se no próprio nome, o programa se propôs desde o início a plantar as sementes da transformação, fazê-las germinar, crescer e gerar frutos. Hoje, passados mais de 10 anos, temos sem dúvida uma grande floresta, representada por cada um dos mais de 20 mil moradores da região atingidos diretamente por suas ações, principalmente jovens em situação de risco social.

Não foi um caminho fácil. No início tivemos que superar desafios de toda ordem tanto na empresa como na comunidade. De nossa parte, tínhamos que lidar com a inexperiência, com as incertezas e resistências próprias de todo processo de mudança. Já entre os moradores, predominavam a incredulidade e a desconfiança. Não seria este mais um projeto efêmero e circunstancial entre tantos outros que já haviam passado por lá? Era preciso também buscar parceiros para fortalecer o projeto com expertise, com novas ideias e com fontes de financiamento.

Alicerçado em três eixos – socioeducativo, geração de trabalho e renda e fortalecimento da comunidade –, o programa definiu como público-alvo as crianças e jovens e seus núcleos de relacionamento como a família e a escola. Suas diretrizes básicas envolveriam a diminuição do analfabetismo, a profissionalização de jovens, o incentivo ao empreendedorismo, o esporte e a cultura, além do fortalecimento e da articulação entre as instituições com atuação local.

Após uma década de atuação, o programa Árvore da Vida gerou relevantes resultados sociais com impactos na área de educação, segurança e renda, além de promover uma dinâmica diferenciada de atuação dos líderes comunitários, gestores de instituições locais, governo e empresas da região. Esses resultados estão demonstrados ao longo do livro e consolidados no capítulo final.

Mas além das estatísticas, o Árvore da Vida pode ser avaliado por meio dos depoimentos dos nossos personagens e de suas histórias de vida e medido pela régua intangível dos efeitos sobre toda a equipe que vem trabalhando na sua implantação e no seu desenvolvimento. Somos muitos e posso assegurar que, na convivência cotidiana com os protagonistas desta história, temos vivido, em inúmeras situações, nossas próprias experiências transformadoras.

Pichadores que se descobrem artistas, famílias que se veem pela primeira vez em frente a uma tela de cinema, pais que veem o filho se afastar do tráfico de drogas e conquistar o primeiro diploma ou a primeira carteira de trabalho assinada: são emoções genuínas que brotam das mãos hábeis que transformam o trabalho cooperativo em renda familiar, das vozes do coral que canta junto a um grande astro internacional, dos olhares extasiados diante das peças de um museu, do reconhecimento do pequeno comerciante que vê seu negócio prosperar.

Emoções de tal ordem que, não raro, nos vemos na pele de uma das mulheres da Cooperárvore que foi a Rimini, na Itália, participar de uma exposição de ideias. Passado o evento, num passeio turístico, diante de uma paisagem que jamais imaginou poder ver, ela perguntou: Posso chorar?

Hoje, ao ver o Árvore da Vida entrar em sua segunda década próximo a se instalar em uma sede própria, produzindo desdobramentos, criando conexões e encontrando os caminhos da autossustentabilidade, temos a certeza de que fizemos a opção certa ao concentrar a nossa política de responsabilidade social no Jardim Teresópolis. Mais do que registrar as etapas e a memória de sua implantação, queremos compartilhar essa experiência, para que ela possa de alguma forma ser reproduzida em seus fundamentos principais, fazendo florescer seu potencial transformador em tantos outros "jardins" abandonados nas periferias das grandes cidades brasileiras.

CAPÍTULO 1
O INÍCIO DE TUDO

O Brasil surfava uma onda muito boa em meados de 2003. Tudo parecia conspirar a nosso favor. A economia se estabilizara e a confiança contagiava os setores produtivos e a sociedade em geral. A questão social estava na ordem do dia. O Brasil do primeiro mandato do presidente Lula discutia mais a sociedade, embalado por temas globais como a sustentabilidade e os direitos humanos. Boa parte da população apoiava os avanços sociais e acreditava que, enfim, o país do futuro estava para acontecer. Com o Produto Interno Bruto (PIB) em alta, o governo petista imprimia velocidade ao seu projeto político e social, materializado em programas de distribuição de renda, sobretudo o Bolsa Família.

Lula, ao empunhar a bandeira de combate à fome e à miséria, conquistava a confiança e o respeito de investidores e líderes internacionais. Seu discurso se alinhava à tese das Nações Unidas, naquele momento, e ajudava a construir a imagem de um Brasil preparado para prosperar.

A economia brasileira se recuperava da crise mundial do final dos anos 1990 e o crescimento do PIB em 2004 chegaria a 5,2%. A Fiat no Brasil aproveitava bem esse cenário e gerava os resultados necessários para sustentar seu plano de investimento no país. A empresa aumentou a produção para um recorde de mais de três mil carros por dia na fábrica de Betim, e se tornou a segunda maior montadora de automóveis do mundo (atrás apenas do complexo fabril da Hyundai, na Coreia do Sul).

Ao conquistar a liderança do mercado brasileiro de automóveis e veículos comerciais leves, a Fiat desbancou uma hegemonia de 42 anos da alemã Volkswagen. A marca se apresentava, finalmente, como a mais expansiva, a mais rápida e a mais inovadora do setor, não somente pela sua estratégia produtiva, mas, sobretudo, pelo lançamento de produtos diferenciados, surpreendentes, como os campeões de venda Strada e a linha Adventure, que inaugurou no mercado o conceito off road *light*.

Além disso, a Fiat era a empresa mais conectada com o mercado e a que se preparou melhor, junto a sua rede de concessionárias, para atender a crescente demanda de uma classe C emergente, que finalmente conquistara renda e crédito para realizar o sonho do automóvel zero quilômetro, o tão sonhado Palio ou Uno, este o carro mais barato do Brasil.

O Brasil vinha mesmo bem. Mas apesar da pujança econômica e industrial, a desigualdade social e a baixa qualidade da educação eram temas preocupantes e obrigatórios na agenda de um país que queria evoluir. Os indicadores daquele período colocavam o Brasil em posição muito desfavorável, principalmente em relação ao analfabetismo, aos níveis de renda do trabalhador, à oferta de leitos nos hospitais públicos e à violência, causa mais recorrente das mortes por fatores externos, especialmente entre jovens do sexo masculino. Afinal, tudo isso comprometia o projeto do tão sonhado país do futuro.

O Governo, com suas iniciativas na área social, e a própria sociedade, mais antenada, passaram a chamar a atenção das empresas para a necessidade de enfrentarem, juntos, os grandes entraves ao desenvolvimento: a violência e a miséria. Violência miserável? Miséria violenta? O fato é que neste país continental de esquecidos rincões, grandes cidades não planejadas e grande concentração demográfica, eram esses os dois maiores inimigos a serem combatidos. Com miséria e violência não há plano de desenvolvimento que resista.

Exemplo de empresa próspera e de gestão moderna, a Fiat rapidamente entendeu que o desafio social não seria somente do governo e da sociedade civil organizada no Terceiro Setor. A iniciativa privada também deveria investir em projetos sociais com resultados mais concretos para a população, assimilando para isso a prática do diálogo com seus *stakeholders* e o conceito da criação de valor social.

Líder nos números do mercado, a Fiat passava a ser mais observada pela imprensa e pela sociedade. Chamava atenção aquela marca inovadora em produtos e serviços, que dispunha de uma rede de concessionárias com grande capilaridade em todo o país, onde mais de 500 pontos de venda e pós-venda conquistavam cada vez mais clientes em todo o Brasil, para orgulho de mineiros e italianos.

O trabalho de comunicação, aliado à qualidade e à inovação dos produtos e processos de atendimento aos clientes, ajudou a Fiat a consolidar a sua imagem no Brasil. A excelente reputação vinha também das ações sociais, do olhar direcionado ao futuro das novas gerações. Uma liderança que não se restringia às posições no mercado, mas alcançava também as atitudes de intervenção social, consolidando uma percepção de que valor monetário e valor humano finalmente deveriam andar juntos.

Para se alinhar aos novos tempos de Brasil era preciso ouvir mais a sociedade, saber o que pensavam os públicos com os quais a empresa e a marca Fiat se relacionavam – os chamados *stakeholders*: empregados, fornecedores, Governo, concessionários, clientes e comunidades. Era essencial iniciar um processo de engajamento que poderia contribuir muito para a sustentação de uma liderança legítima da empresa.

Isso significava, naquele momento, um olhar mais territorial, para além dos muros da empresa, e o desejo de exercer uma influência positiva sobre a gestão pública e a promoção da cidadania. Implicava estimular cidadania e o desenvolvimento dos territórios. Essa seria a chave para abrir as portas de uma empresa verdadeiramente sustentável.

A REALIDADE DO ENTORNO

Não era preciso ir muito longe para iniciar o trabalho de engajamento e inserção da empresa na realidade social do seu território. Bastaria olhar ao redor para encontrar um retrato do ambiente metropolitano brasileiro. Exatamente do outro lado do muro, em frente à fábrica da Fiat em Betim, a comunidade do bairro Jardim Teresópolis, com cerca de 33 mil habitantes, esquecida de sua origem, convivia com um dos mais altos níveis de violência de todo o estado de Minas Gerais. Do outro lado da rodovia BR–381, em frente à segunda maior fábrica de automóveis do mundo, podia ser visto o perverso retrato da periferia brasileira. Bem ali, oprimidos pela miséria, com carências de toda sorte, pelo menos 40 pessoas, a maioria jovens com até 25 anos, eram assassinadas todos os anos.

Muitos anos antes, no início da década de 1970, quando a fábrica da Fiat estava sendo construída, os especuladores imobiliários criaram ali em frente um loteamento que logo foi batizado de Condomínio Città Giovanni, uma homenagem ao presidente da empresa, Giovanni Agnelli. Acreditava-se que aqueles lotes bem localizados seriam vendidos aos mais graduados trabalhadores da nova fábrica.

Não foi o que aconteceu. Com pouca infraestrutura, logo os terrenos demarcados foram invadidos pelas famílias que rumavam para Betim em busca de oportunidade. Eram forasteiros da cultura urbana industrial da segunda metade do século passado, velho "modelo" da região do ABC paulista, onde estão os polos automobilísticos das tradicionais fábricas da General Motors, Ford e Volkswagen em Santo André, São Bernardo e São Caetano.

Eis que a Città Giovanni saiu do papel e virou realidade com o nome de Jardim Teresópolis – lugar onde, depois de décadas de marginalidade, floriu o cenário do Árvore da Vida, o programa social criado pela Fiat, a partir da ideia de focar para transformar.

Eu já vinha refletindo sobre isso e concluí que era hora de desenvolver um grande plano para modificar aquela realidade intolerável na nossa cara. O desafio era imenso. Era preciso ouvir e entender aquela gente, conhecer suas necessidades, elevar sua autoestima, dar dignidade às famílias, orientação e educação aos seus jovens.

O dinheiro que a Fiat investia na área social não era pouco. Seria suficiente para começar a grande aventura que propus, o que só ocorreu de fato a partir do segundo ano. A princípio, era preciso fazer uma escolha e interromper programas culturais e de educação no trânsito que a empresa realizava em escolas públicas das principais capitais do Brasil. Eram ótimos projetos, empreendidos com grande competência, mas tímidos e de pouco alcance. Naquele momento, eu estava convicto de que era melhor atuar para fazer a diferença em um lugar específico do que privilegiar uma maior amplitude territorial de forma difusa, sem capacidade de mensuração. Era preciso ser decisivo e fazer diferença na educação e na qualidade de vida das pessoas vizinhas à fábrica da Fiat em Betim.

Com a decisão de suspender todos esses projetos e concentrar os investimentos no programa Árvore da Vida, demos o primeiro passo para mudar a devastadora realidade que nos agredia diariamente na porta da fábrica, do outro lado de uma rodovia cortada dia e noite por carros de todas as marcas.

O sonho era educar e qualificar jovens da comunidade para mais tarde recebê-los como profissionais do polo automobilístico em pleno funcionamento. O primeiro passo foi cruzar a rodovia. Por mais marcada pela violência que fosse, precisávamos conhecer a cultura daquele lugar, ouvir a sua gente, encontrar e conversar com as pessoas dali. Uma certeza me movia: onde há gente há esperança, e onde há esperança há possibilidades.

Eu queria mesmo entrar naquele "monstro que não poderia ser cutucado com vara curta". Ouvi essa equivocada comparação quando apresentava a ideia para meus colegas da empresa, proferida por um dos líderes da área de Segurança mais empenhado em nos fazer desistir do que em nos ajudar.

Em silêncio, proclamei: "Sem problemas, iremos então cutucar o 'monstro' com vara longa". Naquele momento entendi que, além de conhecer as pessoas da comunidade, era preciso identificar os líderes locais e torná-los nossos parceiros. Atentos às suas formas de comunicação e ao seu comportamento, utilizando o que eles tinham disponível – escolas e demais equipamentos do serviço público – conseguiríamos implantar um programa social que pudesse fazer diferença.

Precisava entender também com qual capital social poderia começar nosso programa. Afinal, a proposta era ousada: praticamente adotar e transformar uma comunidade inteira. Para que o plano não falhasse seria preciso, antes de tudo, conhecê-la e respeitá-la. Assim, fui ao encontro dessas lideranças. Desafiando os conselhos contrários e sem os seguranças, percorri de carro a comunidade.

Entrei pelas ruelas, vi escolas praticamente abandonadas, as quais o tráfico de drogas impedia as crianças de frequentar, vi esgoto a céu aberto, pobreza e sinais de opressão pela violência. Desci do carro no ponto mais alto do bairro. Foi o momento mais importante. De lá, era possível avistar a Fiat, aquela fábrica enorme, cercada por seguranças e muros altos. Um gigante a vomitar milhares de carros todos os dias.

Queria entender exatamente isto: como as pessoas da comunidade enxergavam a Fiat do outro lado da rodovia? Percebi como era hostil a fábrica vista dessa perspectiva. Naquele dia, rodeado pelas crianças do bairro, que se aproximaram curiosas com a minha presença ali, lembrei-me da minha infância,

Vista do bairro Jardim Teresópolis, tendo ao fundo a Fiat Automóveis. Betim, MG.

quando a maior audiência da televisão entre os programas infantis era a série japonesa *Ultraman*. O Jardim Teresópolis, um conjunto de casebres sem reboco, visto da fábrica da Fiat era o próprio oponente do *Ultraman*: geralmente um monstro horripilante, peludo, com boca e dentes enormes... feio, sujo e malvado. Já a imagem que a comunidade tinha da Fiat era também de um monstro gigante, mas de metal reluzente e dotado de um aparato tecnológico com alto poder de ataque e defesa: o *Ultraman*. Havia medo e respeito de ambos os lados.

DO OUTRO LADO DA BR-381

Nessa primeira visita ao Jardim Teresópolis, não fui só. Levei comigo Ana Vilela, colaboradora de muitos anos, responsável, naquela época, pelos projetos socioculturais da empresa. Para executar a minha ideia de transformação do Jardim Teresópolis, eu precisava de alguém como ela. Desde 1995, Ana desenvolvia um trabalho de comunicação interna integrada com a área de recursos humanos que se tornou referência para as operações globais da Fiat. Por isso foi convidada a trabalhar na Itália num projeto de reformulação da política de recursos humanos da empresa, que vivia um processo de globalização, abrindo fábricas no Leste Europeu e na Ásia. De volta ao Brasil, Ana voltou à Comunicação Interna, passou a liderar os processos de treinamento e, mais tarde, os projetos socioculturais.

Quando lhe apresentei a nova ideia, ela tomou um susto. Mas entendeu os motivos da virada que precisávamos dar e se dispôs imediatamente a conduzir o trabalho comigo. Partiríamos do zero novamente, mas desta vez viajando menos pelo Brasil, tomando menos aviões. A viagem seria curta e simples, vestindo jeans, para o outro lado da BR-381.

"Nunca tínhamos ouvido falar de um projeto com esse conceito de sustentabilidade, apesar de já trabalharmos com projetos sociais e termos muito contato com outras empresas no Brasil, por meio do Instituto Ethos", lembra Ana Vilela. "E isso em um lugar – devo confessar – onde eu tinha até um pouco de medo de entrar, por causa da violência do tráfico de drogas. Mas entrei. Sem maiores explicações, o Marco me chamou e fomos dar uma volta no bairro. Naquele momento, começou meu dever de casa: construir um plano com visão de curto, médio e longo prazo e propor uma metodologia de trabalho. O tamanho do programa me impressionou muito", ressalta.

Fui direto ao ponto com a Ana, que era muito envolvida, muito apaixonada pelos projetos anteriores. Não queria deixar espaço para resistência às mudanças que iria propor. Ver nossa empresa daquela perspectiva contrária, por incrível que pareça, foi a minha estratégia para animá-la e tocá-la pela emoção, oferecendo uma visão sensível e não burocrática do novo programa.

Não foi difícil. Ana trabalhou no Árvore da Vida durante os três primeiros anos, ajudando a criar os processos e a desenvolver os principais parceiros. De lá saiu, por minha indicação, para gerenciar a Casa Fiat de Cultura, inaugurada em Belo Horizonte em 2006. Passou o bastão para outra Ana, a Veloso, nossa colaboradora desde o início do programa e que sempre o abraçou como a um filho. Sem ela o Árvore da Vida não teria dado tantos frutos.

O EFEITO CAFU

Aquela primeira visita ao Jardim Teresópolis foi, na verdade, inspirada e influenciada por uma experiência que tive um ano antes, em 2002, ao me aproximar do jogador de futebol Cafu e de seu projeto social em outro jardim, o Jardim Irene, bairro de São Paulo onde ele viveu a infância. Tudo começou com o impacto de uma imagem no jogo que deu o título de penta-campeão do mundo à seleção brasileira de futebol, na Copa do Japão/Coreia do Sul. Apaixonado por futebol como quase todo brasileiro, fiquei intrigado, da mesma forma que boa parte da imprensa mundial, com uma frase escrita na camisa do lateral, flagrada no momento em que, como capitão do time, levantou a taça: "100% Jardim Irene".

Não demorei a entender que, com aquele gesto, Cafu queria chamar a atenção para uma realidade bem brasileira, que fez parte da sua infância, assim como da infância da maioria dos jogadores que com ele dividiam o título, agora nossos ídolos. Cafu, no meio da festa, levantou, ao mesmo tempo, a taça e a temática social do Brasil, representada pelo seu Jardim Irene, comunidade na periferia de São Paulo onde conviveu bem de perto com pobreza e violência social.

O propósito de Cafu, depois da Copa do Mundo, era voltar campeão ao Jardim Irene para criar a Fundação Cafu e ajudar centenas de crianças a se formarem através do esporte. Seu plano incluía a construção de quadras esportivas e a sua integração às escolas públicas. Para concretizar o sonho, buscaria apoio junto à iniciativa privada, conforme revelou em uma das entrevistas que deu ainda no Oriente.

Como o Jardim Irene virou manchete nos jornais, me propus a encontrar Cafu assim que ele pisasse em solo brasileiro. Sabia que muitas empresas buscariam colar sua imagem ao projeto do Jardim Irene e, claro, ao jogador campeão, leal à sua origem. Tinha que ser rápido. Viajei para Brasília, onde a seleção chegaria para ser recebida pelo povo feliz e também pelo então presidente da República, Fernando Henrique Cardoso. Com um amigo jornalista, consegui a credencial que me daria acesso à pista do aeroporto, onde eu poderia receber o escrete canarinho na escada da aeronave fretada exclusivamente para nossos campeões. Na verdade, meu objetivo era encontrar Cafu, que naquela altura já sabia, por intermédios de amigos jornalistas que cobriram a copa, da minha presença no aeroporto e do interesse da Fiat em participar do seu projeto.

Meu contato com o Jardim Irene foi muito útil e muito me estimulou a levar adiante minhas ideias sobre o Jardim Teresópolis. Por outro lado, a parceria com a Fiat foi decisiva para o jogador Cafu seguir em seus propósitos sociais. Não ofereci dinheiro, mas uma ação criativa com alguns carros da marca Fiat. A proposta foi colher a assinatura de todos os jogadores campeões sobre a lataria dos veículos e leiloá-los entre colecionadores apaixonados por carros e futebol. Com isso seriam arrecadados os recursos necessários para fazer parte das obras no Jardim Irene, na sede da Fundação e nas quadras esportivas.

Cafu ficou encantado com a ideia, sobretudo porque teria também a oportunidade de envolver seus colegas de seleção com sua obra social. Escolhemos, então, cinco veículos para a ação, um de cada modelo (Doblò, Palio, Palio Weekend, Siena e Uno). Para entregá-los solenemente, sugeri que Cafu visitasse a fábrica da Fiat em Betim e recebesse os carros do então presidente da empresa, Alberto Ghiglieno, e de um grupo de funcionários. Seria uma oportunidade para levar a ideia de relacionamento com comunidades carentes à empresa de forma mais concreta. E também para que o campeão conhecesse um outro Jardim, o Teresópolis, vizinho da fábrica da Fiat em Minas. O que não falta no Brasil são esses jardins carentes de tudo. Aliás, não deixa de ser uma certa ironia, porque nesses lugares não existe nenhuma praça, nenhum jardim.

Cafu não chegou sozinho à Fiat de Betim. Trouxe mais três campeões que foram além da assinatura e se juntaram a ele naquela empreitada: o lateral Roberto Carlos, o goleiro Dida

Na linha de produção da Fiat, jogador Cafu autografa um dos carros doados para a Fundação Cafu. Betim, MG. 10 de julho de 2002.

e o volante Gilberto Silva. Grandes ídolos, recém-campeões do mundo, eles criaram um momento de verdadeiro frisson entre os operários durante a visita às linhas de montagem. A fábrica quase parou naquele dia. A imprensa deu uma cobertura extraordinária ao evento, e todo aquele movimento ajudou a fazer com que o conceito do desenvolvimento local inclusivo fosse definitivamente entendido na nossa empresa.

UM NOVO MODELO

O programa Árvore da Vida representou uma mudança radical no modelo de relacionamento da Fiat com a comunidade. Até o início dos anos 2000, a empresa manteve um programa sociocultural que se baseava em concursos aplicados em escolas públicas das principais capitais do Brasil, sob a coordenação de um departamento específico ligado diretamente à presidência. Com a reestruturação motivada pela crise econômica do final da década, o departamento foi incorporado pela recém-criada Diretoria de Comunicação Corporativa, até então uma gerência sob minha responsabilidade desde o final de 1997. Com essa nova atribuição, foi criado o Núcleo de Responsabilidade Social Corporativa, que passaria a atuar com as áreas de Assessoria de Imprensa, Relações Públicas e Eventos. Passei, assim, a pensar não somente como cidadão, mas também profissionalmente sobre a realidade da periferia das grandes cidades brasileiras e, mais precisamente, sobre a cidade de Betim e a comunidade do Jardim Teresópolis.

Imediatamente assumi todos os programas socioculturais da empresa. Era uma plataforma cultural muito criativa, desenvolvida pela La Fabbrica do Brasil, uma agência italiana especializada em projetos socioeducativos. O primeiro projeto foi um conjunto de filmes que recebeu o nome de *Retratos do Brasil*, uma obra cinematográfica que documentou um Brasil que poucos brasileiros conheciam, abordando história, natureza, antropologia, miscigenação, cultura, religião e pessoas de todas as regiões deste nosso país multifacetado. Um conteúdo inédito, superexclusivo, distribuído na época em fitas de videocassete para escolas públicas de todas as regiões do Brasil.

Depois desse trabalho, a Fiat continuou investindo no que chamamos de percurso da brasilidade. O objetivo era valorizar o Brasil para uma sociedade desesperançada, despertando no jovem estudante o interesse pelo seu país. Na mesma linha, o segundo projeto foi chamado de *O Brasil dos meus olhos,* um concurso de fotografia, sempre nas escolas públicas, que extraia do jovem o seu olhar sobre o nosso país. Ou o que ele percebia e esperava do Brasil no futuro.

Um poema chamado Brasil foi o terceiro projeto da série, desta vez um concurso de redação também sobre o Brasil, que culminou em um livro de poemas lançado em Brasília com a presença dos alunos premiados em solenidade de contou com a presença de formadores de opinião e do então Ministro da Cultura, Gilberto Gil.

Fechando a sequência, ocorreram duas edições do projeto *Tesouros do Brasil*, que abordaram a temática do patrimônio material e imaterial. Os melhores trabalhos foram reunidos em dois livros riquíssimos que trazem a visão surpreendente dos jovens brasileiros sobre nosso patrimônio, sobretudo depois do mergulho que fizeram por meio dos três primeiros projetos.

Embora a concepção e o resultado desses projetos fossem muito bons, não era viável economicamente aumentar sua capilaridade para alcançar mais escolas do país inteiro. O objetivo seria apontar novas fontes do conhecimento, produzir resultados concretos e influenciar as políticas públicas no Brasil.

Esse foi o meu grande dilema quando assumi a responsabilidade de conduzir o relacionamento da empresa com a comunidade. Pensava sobre qual deveria ser a nossa influência e que atitudes empresariais tomar considerando a temática da desigualdade social num país tão complexo como o Brasil. Estava convencido de que os projetos de educação nunca poderiam sair da pauta. Mas precisava encontrar um caminho cujo resultado fosse melhor percebido não só pela empresa mas, principalmente, pelas comunidades. E a percepção da diretoria da empresa e dos *stakeholders*, até então, se restringia à publicação dos livros ao final dos concursos. Belos livros, por sinal, mas era preciso dar um passo adiante, desenvolver experiências sobre os problemas da comunidade que pudessem ser mais transformadoras. Mesmo que para isso fosse necessário reduzir o número de beneficiados diretos de milhares para centenas e o território do Brasil para um bairro de uma cidade em Minas Gerais.

Na prática, meu objetivo era acolher um menino sem esperanças e levá-lo a descobrir o melhor sentido para a sua vida.

Ser engenheiro, educador, empresário ou jardineiro. Cantor, ator ou jogador de futebol. O céu seria o limite para um garoto cuja mais fácil opção de ascensão social era ser protagonista do tráfico de drogas.

A experiência mais próxima desse conceito de resultados foi o projeto ABC+, de alfabetização de jovens e adultos, que fizemos tão logo assumi a área, em parceria com a Prefeitura de Betim. Mesmo com o início do Árvore da Vida mantivemos esse programa, que, entre 2003 e 2006, alfabetizou 9,8 mil moradores do município (inclusive do Jardim Teresópolis). Ao contrário dos projetos convencionais, o ABC+ não se limitava à alfabetização, pois garantia também um certificado de conclusão da 4ª série do ensino fundamental. Fornecíamos kits com uniforme e material escolar, além de aprimoramento profissional para os educadores.

Percebi, então, que aquilo que fazíamos era bom, mas insuficiente. Não abrangia, por exemplo, a criança e o adolescente, vitais para uma proposta de transformação social. Montei uma pequena equipe e fizemos um *workshop*, tentando entender o que estava acontecendo no Brasil naquele momento.

Comecei a estudar e a conversar com o Instituto Ethos, que reunia empresas e instituições que atuavam na área de responsabilidade social. Historicamente, havia muita benemerência, as empresas assinavam cheques e delegavam para as ONGs a realização de seus projetos de responsabilidade social.

O ponto final de maturação do programa de desenvolvimento local inclusivo no Jardim Teresópolis só veio, portanto, em 2003. A Fiat, que tinha colaborado fortemente com projetos socioculturais atendendo ao chamamento do governo Fernando Henrique Cardoso com o programa Acorda Brasil, Está na Hora da Escola, sensibilizou-se com a inflexão representada pela eleição do presidente Lula, que trazia as prioridades para as políticas públicas de redução da pobreza. Não tive dúvidas: a contribuição que poderia ser dada estava na frente da fábrica. E a primeira tarefa a cumprir era conhecer a realidade que existia do outro lado da BR-381.

CONHECER PARA ATUAR

A nossa primeira fonte de informação foi a Prefeitura Municipal de Betim, que nos forneceu dados sobre todos os indicadores sociais disponíveis no Jardim Teresópolis, sobretudo sobre a educação e a saúde. Depois veio o contato com o Jaime Thalles, da rádio comunitária do Jardim Teresópolis e coordenador geral do Centro Popular de Cultura (CPC) Frei Estanislau. Ele chegou ao Jardim Teresópolis em 1979. A família, assim como a maioria dos novos moradores, foi atraída pelas oportunidades de trabalho decorrentes da instalação da Fiat Automóveis, inaugurada em 1976. Jaime tinha 7 anos e o bairro era um território sem Estado: não havia água encanada, luz, posto de saúde. A primeira escola, a Estadual Teotônio Vilela, só começou a ser construída em 1986, mesmo ano em que a comunidade passou a contar com uma linha de ônibus regular.

Esse quadro de vulnerabilidade obrigava a população a se colocar em um contínuo movimento reivindicatório, que envolveu Jaime logo aos 13 anos, quando criou um grupo de jovens. Em 1999, a turma comprou um transmissor velho e abriu uma rádio comunitária, a Millennium. Por dedicar a maior parte da programação às questões do Jardim Teresópolis, tornou-se líder incontestável na audiência local. Em 2004, quando o Árvore da Vida começou a ser implantado, a Millennium estava no auge e contamos com a sua influência e alcance para apresentar os propósitos do Árvore da Vida à população. Chegar a uma comunidade exige cautela e explicação. A primeira reação à presença de uma grande empresa, multinacional, é de surpresa e desconfiança.

O nosso primeiro contato com a Millennium teve contornos inesperados, mas se revelou extremamente útil nos meses seguintes, como relata o próprio Jaime:

"Era período eleitoral e a gente estava promovendo um debate na rádio com candidatos a vereador. Num intervalo, eu cheguei na janela e olhei para fora. Comentei com um colega que estava ao lado: 'Gente! Como a Fiat é bonita! Que bacana você ter uma empresa dessa do lado da sua casa!'. Aí, esse colega, que era um produtor da rádio, me falou uma frase que nunca esqueci: 'Olha, Jaime, que pena que a gente vê a Fiat dessa maneira e ela não enxerga a gente assim. Nós somos os filhos feios da Fiat'. Não sei se por obra do destino ou por atração — cada um tem sua fé, suas crenças —, na semana seguinte eu recebi um pessoal da CDM (a ONG Cooperação para o Desenvolvimento e Morada Humana). Eles foram visitar a rádio e me disseram que a Fiat iria implantar um projeto social no Jardim Teresópolis. Eu lembro que, na hora, 'joguei' eles para dentro do estúdio e fiz uma entrevista para explicarem qual era a proposta."

A BATALHA INTERNA

Antes desses primeiros contatos com pessoas da comunidade como o Jaime, tivemos que vencer a batalha da sensibilização e da mobilização interna na Fiat. Tínhamos um primeiro diagnóstico, sem muito aprofundamento. O que a gente apurou naquele primeiro momento é que o Jardim Teresópolis era uma das comunidades mais vulneráveis de Minas Gerais, com um dos maiores índices de homicídios do Estado. Todos os indicadores eram os piores possíveis: educação, saúde, violência.

A Fiat já estava há 27 anos em Betim e tinha um relacionamento muito pontual com aquela população. Quase ninguém da empresa vivia no Jardim Teresópolis – eram apenas seis funcionários em um universo de mais de 20 mil. Alguns chegaram a morar lá, mas tinham se mudado. Era uma situação de absoluto estranhamento. Fizemos um primeiro desenho das atividades para apresentar para a direção da empresa, com objetivos, metas, orçamento e tudo mais.

Nossa proposta representava uma ruptura com o que vínhamos fazendo. Pegar o mesmo montante de recursos que aplicávamos de forma pulverizada em projetos educativos e investir num programa profundo, numa comunidade, com uma proposta de inclusão social e desenvolvimento humano em um território específico. É o que chamamos, desde aquela época, de desenvolvimento local inclusivo.

Apresentei minha proposta de trabalho numa reunião de diretoria, um pouco ampliada, com algumas pessoas da área de recursos humanos além de outras que tinham interface com a temática social. Fiz uma exposição sobre o que já fazíamos e mostrei que o resultado poderia ser melhor com o programa para o Jardim Teresópolis. Foi nessa reunião que ouvi a pergunta "Por que vamos cutucar a onça com a vara curta?".

A frase revelava resistência, ceticismo e até um pouco do medo que a proximidade com aquela gente poderia significar para a segurança da empresa. Era um receio de que esse relacionamento com uma área tão perigosa pudesse ser um risco sobre o qual depois não teríamos mais controle. Os argumentos eram suportados, sobretudo, pelo fato de a empresa estar ali instalada há quase 30 anos e nunca ter ocorrido sequer um problema. Mas, na minha visão, ter bom relacionamento não é ter um relacionamento sem problemas, mas sim ter um relacionamento de construção de soluções.

A Fiat tinha uma equipe de segurança muito profissional e não precisava correr o risco de se relacionar com um território tão violento, com uma comunidade vulnerável e que poderia causar transtornos com os quais a empresa não convivia até então. Essa é a leitura do questionamento: por que vamos cutucar a onça com a vara curta?

Alguns meses mais tarde, por coincidência, um incidente demonstrou justamente o contrário, que o alheamento em relação ao Jardim Teresópolis deixava a empresa despreparada para lidar com possíveis conflitos que a sensação de segurança cultivada havia décadas não deixava antever.

Numa sexta-feira, 19 de março de 2004, recebemos na fábrica de Betim a visita do presidente Luiz Inácio Lula da Silva, que visitava as principais indústrias de Minas Gerais. Alinhados

No lançamento oficial do programa Árvore da Vida, Giuseppe Morchio, então presidente mundial da Fiat; Luiz Inácio Lula da Silva, presidente do Brasil; Aécio Neves, governador de Minas Gerais; Fernando Pimentel, prefeito de Belo Horizonte; e Carlaile Pedrosa, prefeito de Betim. Fábrica da Fiat, Betim, MG. 19 de março de 2004.

com os princípios sociais daquele novo governo, aproveitamos para lançar o Árvore da Vida, naquele momento já totalmente planejado e em início de execução. Durante a madrugada anterior à visita um panfleto apócrifo tinha sido espalhado pelas ruas do bairro. Intitulado PT Saudações e dirigido aos moradores, o folheto trazia a falsa informação de que o presidente da República iria distribuir em um dos portões da fábrica 5 mil cartões do programa Fome Zero, depois substituído pelo Bolsa Família. Uma fila com centenas de pessoas chegou a se formar para receber o benefício. Comunicado por assessores, o presidente Lula chamou de covardes os responsáveis pelo panfleto e tentou esclarecer a verdade àquelas pessoas. Naturalmente, foi uma frustração geral.

A Fiat, por iniciativa própria, entregou uma senha a cada morador que aguardava no portão da fábrica para que, na segunda-feira seguinte, retirasse uma cesta básica. O incidente estava contornado, mas serviu de alerta para os riscos decorrentes da falta de um canal, ainda que incipiente, de diálogo com a comunidade. Aquele panfleto somente fez efeito porque não havia outro canal de comunicação entre a empresa e a comunidade.

OS PRIMEIROS APOIOS

Antes dessa luz amarela acesa na visita de Lula, a proposta para o Jardim Teresópolis já havia conquistado apoios importantes na Fiat. É importante registrar que, na mesma reunião em que encontrei resistências, também fui encorajado.

O superintendente da empresa na época, o italiano Alberto Ghiglieno, sugeriu que eu procurasse a Embaixada da Itália para buscar algum tipo de apoio, uma vez que o Governo italiano e a Comunidade Europeia investiam recursos em projetos sociais, em vários países do mundo. Ghiglieno me chamou a atenção para a importância de uma parceria dessa natureza para fortalecer ainda mais a proposta, fosse com novas ideias, com experiências de outros países ou com recursos financeiros.

Marquei, então, uma reunião com o embaixador da Itália na época, Vincenzo Petrone, ocasião em que pude expor a nossa intenção. Ele se encantou com a iniciativa e confirmou imediatamente seu apoio junto à Comunidade Europeia. Sugeriu também a participação da Fundação AVSI (Associação Voluntários para o Serviço Internacional), uma ONG muito respeitada na Itália e que recebia investimentos da Comunidade Europeia para aplicar em comunidades carentes em mais de 50 países em situação de vulnerabilidade social pelo mundo.

Já atuando no Brasil desde 1982, a AVSI vinha de uma experiência exitosa em Salvador, Bahia, na região dos alagados, com um projeto social focado nas moradias. A AVSI atuou sobre a vulnerabilidade física e a saúde, porque era uma comunidade grande que habitava palafitas cravadas num ambiente insalubre.

Alberto Piatti, ex-presidente mundial da Fundação AVSI, era secretário geral da instituição quando foi apresentado pelo embaixador Petrone à proposta da Fiat em intervir no Jardim Teresópolis. Ele aceitou de imediato a empreitada e lembra que não teve maiores dificuldades em fechar a parceria com a Fiat e a Embaixada da Itália no Brasil, que fez o primeiro aporte financeiro internacional para as atividades:

"Esse projeto não nasceu de uma abstração, de uma teoria, mas sim de um encontro de pessoas. De modo particular, nasceu de um encontro com você, Marco Antônio, e depois com o Belini (Cledorvino Belini, que assumiu a presidência da Fiat no início de 2004). O embaixador italiano Vincenzo Petrone acompanhou todo o diálogo entre a AVSI e a Fiat. Lembro-me de perguntar quantos jovens do Jardim Teresópolis trabalhavam na fábrica de Betim. O número era verdadeiramente muito baixo. Então a gente apostou que, daquele momento em diante, depois de alguns anos, poderíamos mudar aquela realidade e ter muitos jovens da comunidade trabalhando na Fiat.

Não foi difícil convencer o governo italiano a contribuir para o Jardim Teresópolis. Creio que para isso tenha contado a tradição da Itália, onde é antiga a sensibilidade social das empresas. Muitas pessoas na Itália, algumas décadas atrás, puderam ver o mar pela primeira vez em férias organizadas pela Fiat, pela Olivetti e por outras grandes empresas do país. Também muitas pessoas puderam estudar graças às bolsas concedidas pela Fiat. É claro que contribuiu muito a sensibilidade do embaixador Vincenzo Petrone e dos sucessores dele, como o embaixador Michele Valensise.

O DESENHO DA METODOLOGIA

Na época da implantação do programa Árvore da Vida, a AVSI tinha uma antiga e intensa parceria com a Cooperação para o Desenvolvimento e Morada Humana (CDM), ONG brasileira fundada em 1986. As duas entidades trabalhavam juntas em projetos sociais, principalmente em Minas Gerais e no Nordeste. Além da tecnologia de diagnósticos sociais e de implantação de projetos em comunidades vulneráveis, a CDM acrescentava à parceria a expertise e a capacidade de buscar apoio de outros atores para o processo, tanto do setor público como do setor privado. Portanto, tornava-se importante a participação da organização na parceria entre a Fiat, a AVSI e a Embaixada da Itália.

A socióloga Érlia Esteves Benevides tinha chegado à CDM em 1996, justamente para atuar em projetos que tinham a AVSI como parceira. Mas, antes mesmo de concluir a graduação na

Universidade Federal de Minas Gerais, em 1995, fez várias pesquisas e diagnósticos para projetos sociais em comunidades de Belo Horizonte. Na CDM, trabalhou em Ipatinga (Minas Gerais), em Salvador (Bahia), no Conjunto Jardim Felicidade (Belo Horizonte), no Peru e na África. Em Betim, teve experiências em bairros muito pobres e em outras comunidades do entorno da Refinaria Gabriel Passos, da Petrobras.

Com a parceria da CDM com o Árvore da Vida, Érlia dividiu a coordenação do programa com os então gestores da AVSI no Brasil, os italianos Enrico Novara e Giorgio Capitanio. Ela conta que, desde meados da década de 1990, a AVSI e a CDM trabalhavam no fortalecimento das instituições das comunidades e de seus talentos, conceito que se materializou na construção de redes de desenvolvimento. A socióloga observa que o programa no Jardim Teresópolis tornou-se uma oportunidade especial de aplicar essa metodologia, uma vez que se tratava de uma intervenção que já nascia grande e com orçamento para três anos, uma situação inédita para projetos do gênero, geralmente de prazo mais curto. Isso não garantia, segundo Érlia, que os primeiros passos do Árvore da Vida fossem tranquilos, fosse na conquista da confiança da população do Jardim Teresópolis ou na escolha das ações que seriam implementadas.

A estratégia foi trabalhar no fortalecimento dos líderes e das instituições locais e utilizar os espaços sociais existentes. Foi assim que introduzimos, em 2005, o Centro de Apoio à Família e aplicamos cursos de formação para os educadores das escolas. Isso nos mostrou o caminho mais acertado logo nas primeiras visitas da equipe da CDM ao Jardim Teresópolis. Fomos muito bem recebidos.

Tivemos duas entradas distintas no Jardim Teresópolis. A primeira, mais formal, foi com um grupo de pessoas da Fiat e da Prefeitura de Betim, quando percebemos que havia alguns estereótipos e até um certo receio em relação a nossa aproximação. Depois conversamos com algumas pessoas-chave na comunidade, como o Seu Bené e o Jaime Thalles, da rádio. Fomos a postos de saúde, visitamos seis escolas públicas e a Sociedade São Vicente de Paulo. Durante as visitas, identificamos uma creche que tinha uma quadra em más condições de uso. Seria um espaço que poderia ser revitalizado para abrigar ações do programa. Ao mesmo tempo, estaríamos melhorando as condições de atendimento da própria creche.

Nesse processo de ouvir as pessoas, identificamos as principais demandas. Primeiramente, diziam que era preciso um trabalho urgente com os jovens muito descrentes das suas possibilidades. No posto de saúde, nos relataram casos de adolescentes e jovens que chegavam lá por tentativa de suicídio, por não suportarem a pressão social em que viviam. Nas escolas, ouvimos reclamações diversas, especialmente quanto à ausência de um projeto que pudesse ajudar os alunos a acreditar na educação. Os jovens iam para a escola, mas ficavam fora da sala de aula.

BASE DE DADOS

Enquanto buscavam vencer resistências e obter a participação de líderes e de instituições do Jardim Teresópolis, a AVSI e a CDM se preocuparam em dotar o programa de uma base de dados não só para diagnóstico, mas que permitisse medir resultados no futuro. Ainda em 2004, a cientista social e pesquisadora Bertha Maakaroun, da Pólis Pesquisa Ltda., foi convidada para fazer a primeira pesquisa, valendo-se da experiência de trabalho com as duas ONGs em outras comunidades:

"Trabalhamos com rigor acadêmico. Para selecionarmos a amostra probabilística, começamos arrolando todos os domicílios de cada setor censitário da área de interesse. Nesse processo de listagem foram identificadas todas unidades ocupadas e desocupadas, assim como unidades de uso misto – comercial e residencial –, além de estabelecimentos comerciais e instituições de terceiro setor. A partir desse arrolamento fizemos a seleção sistemática dos domicílios da amostra e geramos o fator de expansão para posterior análise", explica a pesquisadora. Em cada domicílio que integrou a amostra foram aplicados dois questionários extensos: o primeiro era físico-ambiental, com informações sobre as condições da moradia, acesso aos serviços públicos, atitude em relação ao meio-ambiente, a organização comunitária, capital social e formas de mobilização, entre outras variáveis importantes para compreender a dinâmica social da região. O outro questionário fez levantamento de dados sociodemográficos de cada membro residente no domicílio, com informações indiretas fornecidas pelo chefe da família ou adulto responsável. "O trabalho quantitativo foi combinado com levantamos qualitativos – grupos focais – realizados com mães e jovens residentes. Dessa forma, obtivemos informações importantes para traçar um diagnóstico do território, identificando situações que demandavam políticas específicas", acrescenta Bertha.

A FORÇA DO CAPITAL SOCIAL

Planilhas e cenários, no entanto, não são suficientes para fazer caminhar um programa de desenvolvimento local inclusivo. Sem a vitalidade solidária de pessoas como Seu Bené, a desconfiança e a acomodação da comunidade poderiam ter se tornado uma barreira intransponível. Nascido Benedito Rocha Martins, em Nova Viçosa (Bahia), Seu Bené carrega uma biografia de muita luta. Em 2004, já era uma referência na comunidade do Jardim Teresópolis graças, principalmente, à atuação como líder católico da Comunidade São José Operário.

No ano de 2015, com 74 anos completos, filhos e netos criados e uma casa confortável, ele nos contou com serenidade as dificuldades que teve de superar na vida desde que decidiu sair de Nova Viçosa, onde trabalhou por anos como agente de combate à malária, numa época em que o serviço era feito com burros por caminhos quase intransitáveis da zona rural. Foi em 1969 que ele resolveu tentar a vida na Região Metropolitana de Belo Horizonte. Juntou as coisas e partiu com a mulher, Enedina, e os três filhos pequenos – Geraldo, de 4 anos, Geane, de 3, e Genalva, de seis meses de idade.

Depois de dois meses de desemprego, por indicação de um ex-colega do pai, começou a trabalhar na Rede Ferroviária Federal como empregado na manutenção das linhas. De Contagem foi transferido para Campos Altos, no Alto Paranaíba, depois para Minduri, no Sul de Minas, e voltou para Contagem, no Bairro Água Branca. Incomodado com as constantes mudanças, resolveu deixar a empresa. Empregou-se numa metalúrgica onde, depois de 22 anos de trabalho, se aposentou. Nesse intervalo, vieram mais três filhos.

A chegada ao Jardim Teresópolis, em 1980, foi a realização do sonho da casa própria, apesar das condições muito precárias do bairro. "Era muito barro na porta de casa, não havia luz, nem rede de água", ele lembra. A água nas torneiras foi um sonho que demorou a se realizar. "Era lata d'água na cabeça entre uma fonte a centenas de metros e a casa", acrescenta.

Com o passar dos anos, foi aumentando a casa até chegar aos 10 cômodos. Já podia contribuir mais para melhorar a vida dos outros. Foi nessa condição que, em 2004, recebeu a primeira visita de uma representante do recém-criado Árvore da Vida.

"A Simone me procurou com o projeto, solicitando ajuda para conseguir um espaço para realizá-lo. Ninguém a conhecia. Falei com os outros coordenadores da Comunidade São José

Operário: 'Está vindo um projeto aí que a gente não conhece, mas como não tem nada aqui, vamos acreditar'. Alguns não quiseram, mas eu, o meu filho Geraldo e outra coordenadora, a Lourdinha, botamos pra frente, cedendo um salão atrás da igreja", relata, lembrando-se das dificuldades iniciais.

"A gente andava de casa em casa procurando aluno para o projeto. A Simone foi uma lutadora! Na época, era oficina de dança e de percussão, depois veio o canto coral. Tinham pessoas que não levavam a proposta a sério, 'é só mais um projeto', diziam... Mas a maioria acreditou, foi mandando os filhos. Esse programa salvou os garotos do Teresópolis. Nós pelejamos, às vezes eu ia buscar o pessoal em casa, o menino não ia para lá, ficava no meio do caminho, a gente ia de novo nas casas, falava com os pais, batia na tecla, insistia, a pessoa não queria. Aí não tinha jeito. Quem quis, virou profissional."

Ele conta com orgulho e entusiasmo a trajetória dos netos: "O Marcos Vinícius fez o curso de capoteiro no Árvore da Vida, e hoje está trabalhando numa concessionária de veículos. Já tem o carrinho dele. O Renan e a irmã, Renata, começaram no projeto com 11 anos. Ela fez oficina de dança e hoje se apresenta em grupos de Belo Horizonte, como o Aruanda. O Renan fez um curso profissionalizante no Cesan e foi menor aprendiz na Fiat. Eu continuo firme. Faço parte do Grupo de Referência do Árvore da Vida; fazemos a ponte com a comunidade. E até hoje, quando tem um curso, a gente sai pelo bairro chamando os meninos para fazer inscrição".

LINHA DE FRENTE

Para estabelecer essas primeiras conexões entre líderes da comunidade e o programa, era preciso uma espécie de ponta de lança, uma pessoa de linha de frente. Simone Rocha Gouveia, citada por seu Bené, tinha qualificação, experiência, talento e disposição para realizar a tarefa.

Graduada em Serviço Social com especialização em atendimento a famílias, Simone já tinha trabalhado por 6 anos na Secretaria de Assistência Social da Prefeitura de Betim. Ela atendeu deficientes físicos e atuou em programas de reassentamento de moradores de áreas de risco, até ser contratada pela CDM para o projeto da ONG no Jardim Felicidade, em Belo Horizonte. Depois de 3 anos ali foi transferida para o Árvore da Vida. Ela constrói uma espécie de espelho do relato de Seu Bené sobre as dificuldades iniciais para conquistar a confiança dos moradores:

"O Jardim Teresópolis sempre sofreu com a violência e com disputas políticas muito acirradas. A primeira coisa que tivemos de fazer foi mostrar que o nosso projeto era apartidário e vencer a resistência gerada por projetos sociais criados por políticos, que não tiveram continuidade. A desconfiança era alta. Fomos de casa em casa para entregar os convites para a primeira reunião ampla com a comunidade. Ainda assim, de uns 1.000 convites entregues, só 50 pessoas foram à reunião. Mas quem acredita no que faz não desanima.

"Apresentamos as primeiras ações que pretendíamos implantar – como a articulação de uma rede –, procuramos conhecer as instituições e entender o papel de cada uma no bairro, e então iniciamos os cursos profissionalizantes. O Seu Bené ajudou muito, porque apontou as pessoas mais vulneráveis e necessitadas; ajudou a trazê-las para o projeto. Eram crianças de 8 até jovens de 20 anos. Foi uma luta! A gente criava oficinas e os meninos não apareciam; então a gente ia atrás. Às vezes os pais não deixavam os filhos irem, porque tinham que arrumar a casa ou olhar os irmãos mais novos. Foi preciso um trabalho duro de convencimento."

Simone lembra que a comunidade desconhecia a capacidade das suas próprias instituições para contribuir na solução de problemas. "As pessoas sempre falavam das dificuldades pessoais, mas nunca das suas potencialidades. Falavam de obras que o bairro precisava, da falta de comida em casa, de filhas adolescentes grávidas, de chefes de família desempregados. Então, expúnhamos o que o projeto podia oferecer e mostrávamos que uma rede de instituições local, ativa e bem articulada poderia dar conta de várias daquelas demandas."

UM NOME E UM ÍCONE

O programa, ou projeto do Jardim Teresópolis, como chamávamos mais frequentemente na época, precisava de um nome e, para marcar esse nome, de uma imagem.

Surgiram várias sugestões, todas elas precedidas por "Fiat": Fiat Jardim Teresópolis, Fiat Desenvolvimento Humano, siglas, etc. Depois de refletir bastante concluí que não deveríamos ter "Fiat" no nome do projeto, pois já naquela época a proposta era fazer algo que fosse autossustentável no futuro; algo que, depois de alguns anos, a comunidade pudesse assumir, sem depender apenas da Fiat.

Fizemos vários exercícios até chegar a algumas imagens básicas para nós: plantio, cultivo, frutos, algo que dá abrigo e se ramifica. Árvore, é claro, que dá vida. Enfim, naquele segundo semestre de 2003, chegamos ao nome Árvore da Vida. Pouco depois, soube que o artista plástico goiano Siron Franco tinha produzido e instalado, num condomínio residencial no entorno de Brasília, um conjunto de esculturas que denominou *Árvores da Vida*. Eram grandes estruturas em vergalhão de aço, pintadas de vermelho, uma delas com pessoas e animais pendurados.

Siron Franco com jovem da comunidade e funcionário da Fiat na finalização da escultura *Árvore da Vida*. Betim, MG. Março de 2004.

Eu admirava o trabalho do Siron havia muito tempo, desde quando, repórter de cultura do jornal Hoje em Dia, de Belo Horizonte, fiz uma entrevista marcante com o artista. Não hesitei em convidá-lo para fazer uma escultura para o nosso programa social, que foi a base para a logomarca e a identidade visual do programa Árvore da Vida, do Jardim Teresópolis. Ele fez logo duas. Veio com as partes desmontadas e, num ato que simbolizou o envolvimento da Fiat, o Siron soldou as peças e pintou o conjunto numa cabine de pintura da fábrica de automóveis, em Betim. Esse momento marcou definitivamente nosso compromisso de fazer da arte um componente essencial do projeto de desenvolvimento humano do Jardim Teresópolis.

Consolidamos, assim, o conceito do programa Árvore da Vida, que define seus principais valores.

Toda árvore é vida. Enraizada na terra, com os galhos apontados para o céu, é símbolo da vida em evolução. Exprime força e energia. Representa sonho, esperança e transformação.

Acreditando nessa transformação, a Fiat Automóveis idealizou o programa Árvore da Vida. Um projeto social que abre, a milhares de jovens, a oportunidade real de se tornarem autores de seu próprio caminho. O Árvore da Vida busca a inclusão social de jovens em situação de risco, moradores do bairro Jardim Teresópolis, em Betim (MG), por meio de programas educacionais voltados para a formação humana e para geração de trabalho e renda.

O programa envolve diversos parceiros e prevê ações integradas que abrangem a erradicação gradual do analfabetismo, esporte, cultura, profissionalização de jovens e incentivo ao empreendedorismo da comunidade. Como toda árvore, é preciso plantar a semente e criar as condições para que ela se desenvolva. Também o programa tem esta perspectiva: construir um modelo consistente que promova mudanças sustentáveis do ponto de vista humano, econômico e social.

Neste contexto, cada parceiro é um jardineiro de sonhos. Cada atividade, uma semente. Cada jovem integrado socialmente, mais uma árvore no imenso território da vida. Uma árvore que se ergue para crescer e gerar frutos. Porque só assim a vida se renova.

CAPÍTULO 2
A ARTE NOS MUROS

Na implantação do Árvore da Vida, perseverei no objetivo de realizar uma intervenção positiva, buscando parcerias na comunidade. No começo, principalmente, era muito importante sair da sala de aula, ir para as ruas e produzir um impacto mais amplo, que atingisse os moradores em geral. Aprendi isso com o jornalista Gilberto Dimenstein, criador, no fim da década de 1990, da instituição Cidade Escola Aprendiz, sediada na Vila Madalena, em São Paulo. O foco dessa ONG – a criação de uma rede de aprendizado em três níveis, com escola, família e comunidade – tinha tudo a ver com o que pretendíamos no Jardim Teresópolis.

A Cidade Escola Aprendiz fez um trabalho forte de revitalização de espaços urbanos, como becos e ruelas, mobilizando jovens por meio de oficinas de grafite. Trouxemos essa ideia para o Árvore da Vida.

Seria uma forma de envolver também artistas de rua, pichadores e grafiteiros que já atuavam lá, e demais moradores, em uma proposta de modificação, para melhor, do ambiente das ruas e dos equipamentos públicos do bairro.

A partir dessa tecnologia da Vila Madalena, desenvolvemos um projeto de arte e educação em parceria com o curso de Design da Universidade FUMEC e com os grafiteiros de Belo Horizonte.

A nossa primeira experiência aconteceu no fim de 2004. Cinco muros do Jardim Teresópolis foram pintados por jovens do bairro, auxiliados por grafiteiros experientes ligados ao projeto Muro Efêmero, da FUMEC. Sob a coordenação do artista e professor Rui Santana, os participantes do projeto grafitavam anualmente os painéis de madeira que cercam um parque próximo ao campus da universidade, em Belo Horizonte.

Essa primeira edição do projeto Muros do Jardim Teresópolis foi um sucesso. Mas era preciso fazer mais com esses jovens. Desde o início, percebemos que o universo deles restringia-se ao bairro, não passava dali. Surgiu então a ideia de oferecermos mais conteúdo para que eles não só aprimorassem o grafite, mas também para que tivessem crescimento pessoal com a aquisição de novos conhecimentos.

Houve um processo relativamente longo de maturação do projeto, mas já na segunda edição do Muros do Jardim Teresópolis, em 2008, conseguimos fazer uma experiência muito mais rica. Dos *workshops* com o pessoal do Design da

Gilberto Dimenstein e Gisela Cury recebem Marco Antônio Lage na sede do Projeto Aprendiz. São Paulo, SP.

FUMEC realizados em 2004, avançamos para um curso ao longo do ano, com aulas de história da arte, de desenho, de estudo da cor e de processos de criatividade.

Para estimular e dar uma motivação especial, levamos os meninos para visitar lugares que não conheciam. E assim viram o mar pela primeira vez, no Rio de Janeiro, e conheceram a arquitetura de Oscar Niemeyer, em Brasília; a arte contemporânea de São Paulo; e o barroco das cidades históricas de Minas. Fizemos uma terceira edição nos mesmos moldes em 2010, quando os alunos puderam visitar também a Bienal de Arte de São Paulo e o Inhotim, em Brumadinho.

Não tenho dúvidas de que o projeto marcou definitivamente a vida desses jovens, tanto no aspecto do enriquecimento cultural, como nas suas relações com o espaço público e com a comunidade que, por sinal, se encantou com as intervenções artísticas nos muros. E o bairro ficou mais colorido, mais limpo e mais bonito com aqueles desenhos espalhados pelos muros do lugar.

Nos muros do Jardim Teresópolis, imagens inspiradas nas viagens culturais dos grafiteiros. Betim, MG. Maio de 2008.

O FLORESCIMENTO DE UMA VOCAÇÃO

Um dos mais entusiasmados meninos daquela turma pioneira de 2004 foi o Cleverson Gonçalves de Andrade. Aos 15 anos, tinha a assinatura artística "Clen" gravada em vários muros da região do Jardim Teresópolis, na borda de grafites que hoje ele classifica como rudimentares, pouco mais que pichações, com letras coloridas e esboços de personagens que tentava criar. Clen cresceu em uma família amorosa que o ajudou a superar o desconforto de não conhecer o pai e de ter sido entregue para adoção pela mãe biológica quando ainda era um bebê. Foi a mãe adotiva que lhe deu o pequeno compressor para as primeiras aventuras como artista de rua. O projeto Muros do Jardim Teresópolis era uma inesperada oportunidade de se aprimorar naquilo que enxergava como uma manifestação de protesto, uma forma de chamar a atenção das pessoas.

Foi muito mais longe do que isso. Encerradas as intervenções nos muros no final de 2008, ele foi encaminhado para a aprendizagem profissional numa empresa de Betim, onde foi efetivado e trabalhou por quatro anos. Terminou o ensino médio e saiu do emprego justamente às vésperas da terceira edição do Muros do Jardim Teresópolis. Esse novo estágio de formação no grafite revelou definitivamente a vocação de Clen. Atualmente, com 25 anos, ele faz um curso técnico de Design Gráfico e vive do grafite, vendendo seu talento para dar nova vida a muros de casas comerciais de Betim. O tom de seu depoimento sobre o Árvore da Vida é de pura gratidão:

"Se não tivesse conhecido esse projeto, eu não estaria aqui hoje falando de arte, tenho certeza! Porque é difícil viver de grafite, o material é muito caro. Eu pintava, há dois anos, só com látex. No projeto, aprendi a trabalhar com spray, a fazer traços mais elaborados e vi que era possível estudar, aprofundar.

Jovens do Árvore da Vida e o grafiteiro Cleverson Gonçalves na Bienal de Arte de São Paulo. Novembro de 2010.

O Árvore da Vida me levou para um outro mundo. Me permitiu sair de Betim e ir a Belo Horizonte, para a universidade, conhecer alunos, professores, artistas... Eu nunca tinha ouvido falar de Van Gogh!

"Nos *workshops* a gente trabalhava o tema que ia pintar nos muros. Eu nunca tinha trabalhado com tema, era totalmente livre. Mas isso foi importante, porque a gente discutia o que era mais adequado. Por exemplo, se você estava pintando um asilo não dava para desenhar ali uma caveira enorme. Os professores dividiam o muro e diziam: seu pedaço é tal e o tema é este. Na universidade tinha todo o material para pesquisar sobre o tema. A gente estudava a semana toda, fazia *layouts*, desenvolvia o desenho até o dia de pintar o muro.

"Saíamos em grupo de quatro pra pintar, gente daqui misturada com grafiteiros maduros que já trabalhavam com o Rui. Tudo era inédito para nós. No projeto era sempre uma megaprodução, praticamente um quarteirão inteiro do bairro pintado. Parava o bairro, todo mundo ia ver. E a repercussão era muito boa. Aí, no outro dia, eu chegava no colégio e virava sensação. Eu tinha 15 anos, era 'o cara'!"

O LEGADO DO PROFESSOR

Depois de lutar por 10 anos contra um câncer, o artista Rui Santana faleceu em 2008, poucos dias depois da cerimônia de formatura da segunda edição do Muros do Jardim Teresópolis. Coube a seus filhos, Ticiano, professor de história, e Mateus, gestor de projetos culturais, dar continuidade ao projeto. Eles dizem que a decisão de propor ao Árvore da Vida uma terceira edição do projeto foi, em grande medida, uma homenagem ao entusiasmo de Rui, à sua disposição para ouvir e orientar os alunos e de participar, pessoalmente, de todas as etapas do projeto.

"Ele ia em todas as viagens", lembra Ticiano. "Os meninos viam o Rui como um verdadeiro tiozão. Chegava sempre de alto astral, dava muita atenção a eles e demonstrava com poucas palavras e muita sensibilidade o conhecimento que tinha sobre arte." Ele relata também a emoção que tomou conta de todos na formatura da turma de 2008: "Além do certificado, eles receberam um caderno personalizado com os desenhos feitos durante o curso. Vários choraram, acho que nunca tinham vivido uma celebração daquele tipo".

"A proposta do Rui não era só ensinar a técnica, mas incluir pela arte", diz Mateus. "Tivemos alunos de 13 a 22 anos. Embora o critério de seleção fosse a aptidão para o desenho, preenchemos todas as vagas disponíveis, incluindo candidatos com pouca aptidão." Ele destaca também o desenvolvimento humano experimentado pelos jovens: "No início do curso, ouvíamos um xingar o outro o tempo todo. No fim, todos se davam bom-dia e boa-tarde e se tratavam com respeito e carinho".

O artista e educador Rui Santana com jovens participantes do projeto Muros do Jardim Teresópolis. Betim, MG. Junho de 2008.

"Era uma produção complexa desde o pedido de autorização para os proprietários dos muros até o resultado final", ressalta Mateus. "Cada muro tinha uma particularidade: uns eram chapiscados, não pegavam tinta direito; outros eram muito altos, tinha de pôr escada." E aconteciam também imprevistos: "Uma vez" ele lembra, "entornou um monte de tinta azul. Era lavar, desperdiçando a tinta, ou transformar aquilo em um rio na calçada continuando a pintura do muro".

"A mobilização era tão fenomenal", completa Ticiano, "que as pessoas que moravam nas redondezas dos muros também queriam pintar, pediam para fazer no muro da casa delas…"

A AVENTURA DO CONHECIMENTO

Viver da arte, como o grafiteiro Clen, ainda é um sonho. Filha de um operário e de uma dona de casa, Débora Claudina, de 23 anos, faz retratos por encomenda, um ofício que nunca imaginou exercer quando, há sete anos, resolveu participar do Muros do Jardim Teresópolis. Por enquanto, ela ainda depende do salário de auxiliar administrativa num escritório de Belo Horizonte, que lhe permitiu pagar a faculdade em que se graduou como tecnóloga em Recursos Humanos. Contudo, o mais importante, diz Débora (a Déborah Dyas dos retratos) foi o novo e amplo horizonte cultural descortinado desde que desenhou um cavalo na prova de seleção do projeto:

"Começamos a adquirir conhecimentos nas aulas de história da arte, no desenho artístico. Não esperava que fosse tão aprofundado, que o professor iria cobrar tanto. A cobrança era grande para fazer benfeito. Eu também não punha fé nessa história de viagens. Foi um aprendizado e tanto. Nas igrejas das cidades históricas passei a entender que peças aparentemente simples tinham um significado muito grande. Eu gosto de desenhar, mas se eu não tivesse conhecimento de História, tudo ia continuar muito vago para mim. Nunca tinha pensado, por exemplo, que a humanidade desde o começo usou as imagens para se comunicar."

Débora Claudina em processo seletivo para a atividade Muros do Jardim Teresópolis. Betim, MG. Dezembro de 2007.

CAPÍTULO 3
SONHOS EM MOVIMENTO

Em 2006, passados 2 anos de implantação do Árvore da Vida, eu ainda não tinha conseguido resposta para uma sugestão do Oded Grajew, criador do Instituto Ethos. "Por que você não investe em um cinema para a comunidade? Vai ajudar muito no seu projeto", aconselhou-me Oded, quando eu lhe falei da ideia completa do Árvore da Vida. Na época, ele ainda era assessor especial da Presidência da República. Afeiçoei-me à ideia desde o princípio. Era uma forma de envolver pessoas de toda a comunidade, inclusive aquelas que não tinham vínculo com o programa, seja diretamente ou por meio dos filhos que frequentavam as oficinas. Poderia ser um acontecimento social, uma vez que a sala de cinema mais próxima ficava em um shopping a uns dez quilômetros, e os moradores não tinham – eu imaginava – hábito de ver filmes na tela grande.

Tenho um apreço especial por cinema. Na faculdade de comunicação produzi um filme com meus colegas e até ganhamos o prêmio de melhor filme do festival da universidade. Mais tarde, no início da carreira de jornalista, cheguei a escrever sobre filmes nos jornais *Estado de Minas*, *Diário da Tarde*, *Diário do Comércio* e *Jornal de Casa*, de Belo Horizonte.

Mais importante que meramente incluir a exibição de filmes em tela de cinema entre as atividades do Árvore da Vida seria criar um projeto que fosse além. Num fim de semana, visitando a minha querida cidade, Itabira, me deparei com uma sessão de cinema em uma praça. Os organizadores eram velhos conhecidos da minha juventude, especialmente o Cléber Camargo Rodrigues, com quem me engajei no Movimento de Cultura Popular do Vale do Jequitinhonha nos anos 1980. Foi nessa época, escrevendo para um jornal alternativo criado por ele em Itabira, que tive a certeza que queria seguir a carreira de jornalista.

Na Mostra de Cinema de Itabira, ele e a sócia, Selma Duarte Cruz, exibiam filmes em 35 milímetros na praça pública e, paralelamente, realizavam oficinas de produção cinematográfica gratuitas, abertas aos moradores. Chamei-os para uma conversa e decidimos elaborar um projeto que foi aprovado pela Lei Federal de Incentivo à Cultura. Em 2007 realizamos o projeto no Jardim Teresópolis.

"O conceito era valorizar o cinema brasileiro, pensando na comunidade. Queríamos conectar as atividades como as oficinas de produção de curtas metragens com as sessões de cinema; queríamos que elas trouxessem não só diversão, mas também informação; que fossem uma inspiração para as pessoas. O público era grande. Imagine fazer sessões gratuitas num bairro de 30 mil moradores!", ressalta Selma.

Esse aspecto da inclusão foi realmente importante no Cine Jardim. Conseguimos realizar um projeto de alta qualidade em termos de repertório – um total de 21 filmes brasileiros –, de equipamentos, de organização, e da equipe que ministrou as oficinas. A Prefeitura de Betim, em parceria, nos cedeu um espaço na subsede Jardim Teresópolis da Secretaria Municipal de Assistência Social (Semas). Era uma quadra coberta e, com algum investimento, adaptamos o espaço para receber até 600 pessoas sentadas.

O ENCANTAMENTO DA ESTREIA

A primeira sessão do Cine Jardim foi com o filme *Antônia*, dirigido pela Tata Amaral, que conta a história de quatro moças que se juntam para cantar *rap* profissionalmente, enfrentando a pobreza, o machismo e a violência. O artista de *hip hop* Thaíde, que interpreta no filme o personagem DJ Marcelo Diamante, foi o nosso convidado. Além de falar para a plateia, ele comandou, na véspera, uma oficina de arte com jovens do Jardim Teresópolis. Na noite de abertura dessa primeira sessão, diante de quase 600 pessoas, pedi que levantasse a mão quem nunca tinha ido ao cinema. Para meu assombro e, ao mesmo tempo, para minha satisfação por estarmos proporcionando essa experiência para aquela gente toda, 90% do público levantou a mão. Mais de 500 pessoas estavam ali para ver um filme na telona pela primeira vez! Aquilo me emocionou muito.

Público lota quadra coberta para a sessão de abertura do Cine Jardim. Betim, MG. Março de 2007.

Um episódio marcante demonstrou o respeito e a admiração que o Cine Jardim conquistou em pouco tempo. Tínhamos começado mais uma sessão. Era uma noite de tempo ruim, com muito vento e chuva. De repente, a luz acabou. Ficou um breu! Bateu uma forte apreensão. Estávamos ali com quase 600 pessoas, inclusive crianças e idosos, despreparados para uma situação daquelas. Havia também risco para os equipamentos, que são caros.

Para nosso alívio, quando anunciamos que a sessão estava cancelada, as pessoas começaram a sair devagar, umas acendiam isqueiros, outras luzes de celulares. A imagem que me veio foi a de que o público se comportou como se estivesse numa igreja, num culto religioso, com um grande respeito uns pelos outros e também pelo espaço e pelas coisas que estavam ali. Como recordam a Selma e o Cléber, essa atitude era o reconhecimento do cuidado que tomamos na montagem do Cine Jardim.

Tivemos outros momentos difíceis. "Certa vez" lembra Cléber, "no meio de uma sessão, várias pessoas começaram a sair. Fomos procurar saber o que estava acontecendo e nos

O então prefeito de Betim, Carlaile Pedrosa, Marco Antônio Lage, o artista Thaíde e o então diretor da AVSI em Minas Gerais, Giorgio Capitanio, na sessão inaugural do Cine Jardim. Betim, MG. Março de 2007.

contaram que era um embate entre gangues rivais do tráfico. As pessoas iam para casa por precaução, para não serem envolvidas". Enfrentamos também problemas com fornecedores de serviços, que temiam o histórico de violência do bairro. "No primeiro teste que fizemos", acrescenta o produtor, "a empresa de aluguel de equipamento levou um projetor muito ruim, com medo de roubo. Mudamos o fornecedor. Com o tempo, constatamos que não havia razão para temer situações desse tipo. Não tivemos nenhuma briga, nenhum incidente de violência nas sessões de cinema e nas oficinas".

Sempre houve a preocupação de passar uma sensação de conforto e segurança, completa Selma. "A entrada era gratuita, mas as pessoas tinham que retirar os ingressos com antecedência e se identificar com um documento na entrada. Percebemos que as pessoas não se incomodavam com isso. Na verdade, viam nisso o cuidado com elas e o respeito da nossa parte."

Outro episódio lembrado por Selma aconteceu na exibição do filme *Filhas do Vento*, do diretor Joel Zito Araújo. "Depois do filme, o ator Milton Gonçalves se despiu completamente

Jovens do Jardim Teresópolis nas oficinas de animação do Cine Jardim. Betim, MG. Abril de 2007.

do personagem e teve uma conversa muito franca com a plateia, como cidadão, falando para iguais. E ficaram aquelas 500 pessoas de todas as idades caladas, profundamente atentas à mensagem dele, que contou a trajetória de vida que fez até se tornar um ator reconhecido", lembra a produtora.

As oficinas também atenderam a um público grande para o tempo que tínhamos de execução do projeto. Foram mais de 200 jovens. Durante uma semana, os meninos aprendiam noções de técnica cinematográfica e produziam um curta metragem para ser exibido na abertura de cada sessão do Cine Jardim. No total foram produzidos oito curtas-metragem. "Encontramos nesses jovens uma ânsia muito grande de oportunidades. Nós trouxemos vários grupos para dar as oficinas, até para termos uma diversidade de linguagem. Tivemos a Casa de Animação de Sabará, a Escola Livre de Cinema, o Frame 8, o grupo Nós do Morro, do Rio de Janeiro", relata Cléber.

As inscrições eram abertas para todo mundo, com limitação apenas de faixa etária e de vagas, 25 no máximo, para garantir qualidade. A gente fazia panfletos e contratava carro de som para divulgar no bairro. Todas as oficinas tiveram fila, ficou gente de fora.

O caso de Bruno é lembrado com carinho. O garoto havia ficado de fora não só por falta de vagas, mas por ter 13 anos, quando a idade mínima era 14. Selma lembra bem da insistência dele: "Ele vinha e perguntava: 'Ô dona, vai ter vaga?'. Eu respondia que já havia excedentes naquela oficina, que ele tentasse na próxima. Ele dizia: 'Sim, senhora'. Mas logo voltava a insistir. Por fim, um dia eu cedi, e ele acabou tornando-se o 26º aluno de uma das turmas. E ele deu muito certo, é um talento nato, muito criativo. Hoje ele vive disso: virou arte-educador, dá aulas em nossos projetos, comprou carro, fez um curso de teatro em Belo Horizonte e já formou uns 300 meninos em oficinas".

O MELHOR LAR DO MUNDO

A história de Bruno Messias dos Santos é um exemplo de como a vida não propriamente imita a arte, mas pode seguir a sua inspiração e romper limites. Nascido numa família de 14 irmãos chefiada pela mãe, a faxineira Maria Aparecida, Bruno interessou-se por arte desde a infância, quando fez aulas de teatro em projetos governamentais para crianças. No Cine Jardim, ele participou das quatro oficinas oferecidas e integrou o grupo que produziu o curta metragem de animação *Não há lugar melhor que o nosso lar*.

Esse filme foi um dos 60 selecionados no Brasil para a Mostra Geração, no Festival do Rio em 2007. Conta as aventuras de um menino que sonha recorrentemente em viajar pelo planeta. Num desses sonhos, as ideias que lhe ocorrem se transformam

O jovem Bruno Messias e sua colega Raquel, na oficina de animação do Cine Jardim. Betim, MG. Abril de 2007.

em veículo e proteção contra a falta de ar. Assim ele vai ao fundo do mar, é engolido por uma baleia, expelido pelo esguicho do animal para a estratosfera e conduzido de volta para casa, no rastro de uma estrela cadente. Ao acordar, o personagem expressa a felicidade pela reconquista do aconchego do lar.

Hoje, aos 21 anos, recém-chegado de uma viagem à Alemanha – a sexta ao exterior para se apresentar com seu grupo de percussão –, Bruno esbanja alegria, sentado no sofá da casa da mãe, no Jardim Teresópolis. Há três anos, ele mora em Itabira, onde é professor e artista do Meninos de Minas, um projeto nascido no bairro onde cresceu, com patrocínio da empresa Teksid e apoio do Árvore da Vida. Quando não está viajando a trabalho, os fins de semana são reservados para a família e para os amigos do Jardim Teresópolis. Embora a música tenha prevalecido sobre o audiovisual, Bruno reconhece o Cine Jardim como o empurrão definitivo para a carreira artística:

"A música entrou em minha vida a partir dessa experiência no Cine Jardim. Foi onde conheci o Cléber e a Selma, pessoas que me ajudaram a encontrar esse caminho. Além da música, eu tenho experiência com vários processos de criação artística porque trabalho com eles numa produtora que faz eventos de música, cinema e teatro. Tudo começou no Cine Jardim. Minha primeira oficina foi sobre voz e rima com o Thaíde, do filme *Antônia*. Ver o filme também foi emocionante. Estavam ali muitas pessoas do nosso convívio, que nunca tinham ido ao cinema. Deu pra perceber como a comunidade estava entusiasmada por poder participar.

"Depois desse impacto, me inscrevi em todas as quatro oficinas, duas de animação e duas de documentário. Isso me enriqueceu muito. A gente começou a ver os filmes na televisão de forma diferente, enxergar os detalhes que antes a gente não via. Outra coisa legal foi fazer alguns filmes sobre o bairro, pois aprendemos como era a vida aqui em outra época: as pessoas andavam a cavalo, tomavam banho de caneca, não tinham luz em casa."

Passados sete anos, o que ficou na memória de Bruno sobre o Cine Jardim explica por que um grupo de adolescentes decidiu fazer um filme com o título *Não há lugar melhor que o nosso lar*. Foi um projeto de existência curta, mas que mobilizou a comunidade, fez a população do Jardim Teresópolis perceber que podia mais e merecia mais. Mais do que oferecer lazer, o cinema pôs sonhos em movimento.

O Cine Jardim cumpriu o objetivo de mobilizar quase a comunidade inteira em torno de um evento provocado pelo Árvore da Vida, seja nas seções de cinema ou nas oficinas. Mais que isso, serviu para aproximar definitivamente a comunidade do nosso projeto social.

CAPÍTULO 4

UMA FAMÍLIA CHAMADA ÁRVORE DA VIDA

Ao longo dos 3 primeiros anos das oficinas do eixo socioeducativo, os técnicos e educadores do Árvore da Vida foram acumulando relatos de problemas graves no ambiente doméstico dos adolescentes e jovens. São casos de difícil solução: alcoolismo, drogas, violência doméstica. Percebemos que o setor público não estava conseguindo atender plenamente as famílias, no sentido de acolher as vítimas, dar-lhes orientação e buscar saídas terapêuticas ou judiciais. Decidimos então estabelecer uma ponte entre as pessoas e as instituições públicas, criando uma espécie de pronto-socorro de assistência social e psicológica. Foi assim que nasceu, em 2008, o Centro de Apoio à Família.

O diretor de projetos da CDM, Martionei Gomes, lembra que havia uma descrença na comunidade em relação ao trabalho das instituições públicas. Não era raro uma mãe chegar à sede do Árvore da Vida e dizer: "Eu fui ao centro de saúde, ao centro de apoio social e não fui bem atendida. Não voltei lá e continuo com esse ou aquele problema dentro de casa". Por isso, em muitas situações, é preciso até um estímulo para que alguém da família sinta segurança para buscar ajuda externa. A educadora Edna dos Reis tem um bom exemplo de como o medo e a vergonha podem levar as pessoas a se fecharem, contribuindo assim para perpetuar quadros de opressão:

"A gente estava fazendo uma dinâmica de grupo sobre como cada pessoa se via e como era vista pelos outros. Numa folha de papel que rodava pelo grupo, ninguém podia ver o que cada pessoa tinha escrito sobre si mesma, apenas o nome dela. Mas cada um devia colocar como via aquela pessoa. Tinha uma menina que era muito tímida e ela colocou no papel exatamente isso, de forma negativa. Quando todos terminaram, a folha voltou até a menina. E aí, lendo o que as pessoas tinham escrito sobre ela, começou a chorar copiosamente. Os colegas tinham escrito que ela era uma pessoa amiga, compreensiva, que se preocupava com os outros, que sabia ouvir. Naquele momento eu não quis expor a menina. Esperei terminar a aula e a chamei para conversar. Perguntei se estava com algum problema específico, ofereci ajuda. Ela não se abriu.

"Decidi acompanhar mais de perto a vida daquela menina. Na visita domiciliar, conversando com a mãe, mostrei todos aqueles valores positivos que os colegas haviam apontado nela. Aí, a mãe disse: "Que engraçado! Aqui ela não é assim". Ou seja, não havia comunicação dentro da própria família. Não foi na primeira tentativa, nem na segunda, mas a menina acabou me contando que estava sofrendo abuso sexual em casa.

"Foi a primeira vez que vivenciei uma situação como aquela, e isso mexeu muito com a gente. Ficamos nos perguntando como poderíamos enfrentar aquele problema, porque não é papel do programa fazer denúncias. Encaminhamos para a assistente social e para a psicóloga que tínhamos no programa na época, continuamos a acompanhar a família mais de perto, até que a mãe tomou coragem de denunciar. Não era só a menina que era abusada, também os irmãos. A família foi retirada da casa por um período, até o pai deixar a residência, graças a uma ordem judicial. Hoje a gente encontra com essa menina e ela é outra. Antes, ela não conseguia nem dar um abraço na gente."

ACOLHER E ENCORAJAR

Casos como esse nos indicavam uma abordagem cuidadosa, amigável e, ao mesmo tempo, encorajadora. Não por acaso, o Centro de Apoio à Família passou a funcionar na sede da Casa dos Movimentos Populares Margarida Alves, onde fizemos um investimento na revitalização do espaço físico. Assim, nos aliamos a uma instituição que tinha um trabalho tradicional no Jardim Teresópolis, com cursos e palestras voltados para a proteção da saúde da família.

O Centro de Apoio à Família tinha três pontos de trabalho muito claros. A ideia não era substituir o serviço público ou as instituições assistenciais da sociedade civil preexistentes, mas aproximá-los dos moradores.

Primeiramente, portanto, tínhamos que fazer uma articulação com os equipamentos públicos da rede assistencial do município. O segundo ponto era dar um primeiro acolhimento às famílias pela nossa equipe, que tinha uma psicóloga, uma assistente social e duas estagiárias. Procuravam entender cada problema e faziam o encaminhamento para a instituição pública adequada. Além de encaminhar, fazíamos um acompanhamento com visitas domiciliares, para ver se o atendimento estava sendo feito de maneira eficaz.

O terceiro ponto eram os grupos de convivência, que reuniam pessoas que já tinham sido atendidas, algumas já com o problema superado, para trocar experiências e manifestar solidariedade. Esses grupos também tinham palestras.

Trazíamos pessoas para debater demandas já colocadas pelo grupo, como as transformações da adolescência, o acompanhamento das lições de casa e o desempenho dos filhos na escola, por exemplo.

Portanto, a ideia do Centro de Apoio à Família foi oferecer, durante um determinado tempo, um suporte às famílias, para além das atividades socioeducativas e da qualificação profissional dos filhos. Não podíamos fechar os olhos para uma série de problemas: o relacionamento entre vizinhos, entre marido e mulher, entre pais e filhos e questões ligadas à sanidade mental e ao alcoolismo.

Em 2010, a região do Jardim Teresópolis teve uma importante conquista. Foram instaladas unidades do Centro de Referência de Assistência Social (CRAS) no bairro e na Vila Recreio, comunidade vizinha e também contemplada pelo Árvore da Vida, assim como a Vila Bemge. Na estrutura do Sistema Único de Assistência Social (SUAS), o CRAS é a porta de entrada. Ele é responsável pela organização e pela oferta de serviços de proteção social básica nas áreas de vulnerabilidade social.

Tínhamos ganhado mais um parceiro importante, que nos levaria a uma inflexão na abordagem do Árvore da Vida: em vez de duplicarmos o papel do CRAS, melhor seria investirmos em ações complementares, de fortalecimento das famílias do Jardim Teresópolis. Desde 2012, Luciomar Antonio de Aquino está à frente desse trabalho. Coordenador do Eixo Socioeducativo do Árvore da Vida, Lucio, como é mais conhecido, é formado em Filosofia com pós-graduação em Psicopedagogia. Ele vinha de uma experiência de 10 anos na coordenação de ações sociais da ONG Obras Educativas Padre Giussani, uma parceira da AVSI num projeto de apadrinhamento de crianças, com oficinas de teatro e música no Conjunto Jardim Felicidade, na periferia

Norte de Belo Horizonte. Lucio conta como os esforços do Árvore da Vida contribuíram para a participação mais intensa dos pais no programa e na educação dos filhos:

"Alguns pais não costumavam ir às reuniões, porque eles têm a tendência de achar que eram iguais àquelas de escola, que muitas vezes se resumem a relatar que o filho não está bem nisso, não está bem naquilo. Por isso, nossas reuniões de pais no Árvore da Vida eram um pouco vazias. Comecei a mudar um pouco de estratégia, tentando falar numa linguagem mais sintonizada com as necessidades das famílias. Os pais estão lidando, por exemplo, com os filhos adolescentes, sem saber muito bem como orientá-los nessa fase da vida. Então nós chamamos um psicólogo que, numa linguagem muito simples, falava das mudanças que acontecem na vida dos adolescentes, as questões psicológicas, físicas e hormonais, inclusive de comportamento, como o fato de os filhos ficarem às vezes mais sonolentos ou mais respondões.

"Começamos a trabalhar também com reuniões informativas, para obter dos pais um retorno de como o filho estava no programa. O público aumentou e o relacionamento ficou mais estreito, mas faltava algo. Eu vi que as famílias não tinham tempo de se encontrar, de trocar experiências e de se divertir. A maioria dos pais trabalhava demais durante a semana, e as mães, no fim de semana, ainda faziam o serviço de casa. Sugeri então um 'encontrão de pais'. Alugamos um sítio, num domingo, e juntamos 100 pais, sem os filhos. De manhã, eles participaram da parte formativa e de tarde puderam praticar esportes e ter atividades de entretenimento. No fim do dia, fizemos uma reunião para tomar o depoimento dos participantes. Saíram coisas tocantes: 'Eu nunca imaginei que teria um dia assim só para mim'; 'Desde a minha infância, eu nunca na vida pude brincar como eu brinquei hoje'.

"A gente esperava um retorno positivo, mas não dessa maneira. Teve uma mãe que disse sobre outra participante: 'Olha, eu não imaginava que aquela mulher pudesse pular na piscina, ela está passando por uma depressão muito grande. Eu a trouxe justamente para distrair um pouco; ela riu, cantou, brincou, nem parecia doente'. Depois disso senti que o relacionamento das famílias com o Árvore da Vida e das famílias entre si ficou muito mais forte. Muitos pais da mesma comunidade nem se cumprimentavam, porque, na verdade, não se conheciam. E no 'encontrão' de pais fizeram amizade."

A iniciativa dos "encontrões de pais" são um modo específico de reafirmar uma meta que está subjacente na proposta do Árvore da Vida: ser uma referência positiva, um espaço de paz e, por que não, um porto seguro para os moradores do Jardim Teresópolis. Em 10 anos de atividades do programa, nunca tivemos episódios de violência. Se queríamos ajudar as famílias a encontrarem a paz, tínhamos de dar o exemplo. Para muitos, o Árvore da Vida foi uma segunda família. Para alguns, praticamente a única. É o caso de João Pedro de Carvalho Coutinho, atualmente com 16 anos e engajado no curso de aprendizagem profissional em tornearia mecânica, oferecido pelo Senai em parceria com a Tokai, fabricante de componentes elétricos automotivos. Aos 3 anos, João Pedro ficou órfão de mãe e, aos 10, perdeu o pai. Ele e a irmã Tássia, 5 anos mais velha, passaram a viver com uma tia, diarista, e com a avó paterna, que faleceu recentemente. Nos últimos anos, depois do casamento da irmã, João Pedro ficava praticamente sozinho com a avó, já que a tia passava o dia fora, trabalhando. Foi nessa situação que entrou na oficina de percussão do Árvore da Vida:

"Fui para o Árvore por influência de colegas de escola que já faziam oficinas no programa. No começo, nem gostava muito de percussão. Fui mais para sair de casa, que era muito vazia, e para fugir daquele clima ruim, pois nunca tive uma família presente. Os colegas e os funcionários do Árvore viraram praticamente a minha primeira família. Eu tinha 14 anos, fiquei pouco tempo, mas mesmo assim minha vida mudou para melhor. Sempre gostei de conversar, mas no Árvore a minha rede de amigos aumentou muito, a convivência melhorou. Comecei a conversar com as educadoras, elas falavam muito comigo que um dia eu ia ter a minha própria família e, ao mesmo tempo, davam muita atenção para a minha avó e para a minha tia. Foi muito bom."

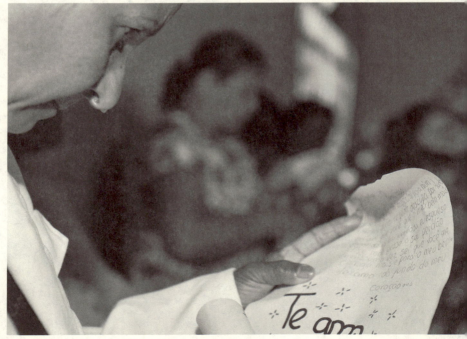

No Primeiro Encontrão dos Pais, realizado num sítio em Betim, mãe se emociona com mensagem deixada pela filha. 29 de setembro de 2013.

CAPÍTULO 5
FORMANDO CIDADÃOS

Fiquei orgulhoso quando o jornalista mineiro Bernardino Furtado me contou sobre a série de visitas guiadas a uma exposição de fotojornalismo que realizou em 2010, com o apoio da Fiat, no Museu de Artes e Ofícios, em Belo Horizonte. Graças a uma parceria com a Secretaria de Educação de Minas Gerais, ele recebeu, ao longo de três semanas, 32 escolas de bairros com altos índices de vulnerabilidade social de Belo Horizonte, Contagem e Betim. Cada turma tinha aproximadamente 50 estudantes do ensino médio. Ele me relatou casos em que a Guarda Civil Metropolitana teve que ser chamada para conter estudantes que pulavam, gritavam e punham em risco o patrimônio do museu. Em contraponto, ficou impressionado, em especial com o interesse, a educação e o olhar crítico de duas turmas que acompanhou. Eram alunos de duas escolas do Jardim Teresópolis: a Escola Estadual Lourdes Bernadete e a Escola Estadual Teotônio Vilela. Intuí que o Árvore da Vida tinha a ver com isso, pois o programa deu cursos para educadores dessas instituições e centenas de alunos passaram pelas nossas oficinas de arte e educação.

Nos movimentos que o Árvore da Vida vem promovendo há um fio condutor, que é o de dar mais vida à comunidade,

Jovens do Árvore da Vida em atividade de formação humana.

inserir as pessoas num universo mais amplo que os limites do território físico. Eu tinha certeza, desde o princípio, de que era preciso ter um programa que abrangesse da primeira infância até os pais, ou seja, que fizesse um percurso social. Essas crianças são facilmente cooptadas pelo tráfico de drogas. Para não dar chances a isso, elas têm de ter atividades culturais para além da escola, e os pais precisam também ser envolvidos de alguma forma nesse despertar dos filhos. Esses meninos são moldados pela opressão das condições sociais e fadados a reproduzir o estigma que o bairro carrega de ser um lugar violento onde o tráfico impera, onde o único caminho de visibilidade na sociedade é trilhado por meio de atividades ilícitas.

Quando meninos e meninas do Jardim Teresópolis são reconhecidos de forma positiva numa exposição, num evento cultural fora do bairro e de Betim, passam, ainda que de forma singela, uma mensagem: eles estão rompendo com o estigma e se apresentando ao mundo com a imagem que merecem.

Viagem de formação humana e cultural a Ouro Preto, cidade histórica de Minas Gerais. Setembro de 2013.

Assim é também quando o Coral e o Grupo de Percussão do Árvore da Vida se apresentam em outros lugares. Para mim e para os parceiros do programa sempre esteve claro, contudo, que não adianta você oferecer apenas a técnica do canto, da percussão e do esporte, ou a qualificação para o trabalho. A formação humana é fundamental.

    O conteúdo específico de formação humana que introduzimos no programa traz os adolescentes para a busca da identidade individual e social. Eles passam a discuti-la em outra perspectiva: quem eu sou, o que represento e como são os outros na sociedade. Tal identidade estimula a solidariedade e situa o jovem no ambiente coletivo; mostra que ele não está sozinho; que ele tem que se compreender e se situar no coletivo. Fazer o exercício de falar e de ouvir. Só isso é sensacional! Normalmente, eles não conseguem falar de sua própria realidade para ninguém. A única forma que tinham antes de se expressar era explodir pela violência.

Um episódio que ilustra bem esse desafio aconteceu logo no começo do Árvore da Vida. Nessa ocasião, convivemos com um acontecimento negativo envolvendo um dos melhores meninos da primeira turma treinada para trabalhar nas concessionárias Fiat de Belo Horizonte. Ao ser repreendido por alguma coisa errada no trabalho, o jovem reagiu agredindo o chefe com um martelo, ferramenta que tinha em mãos. Talvez, na época, ele tenha pensado: no Jardim Teresópolis é assim que funciona, é assim que resolvemos as diferenças. Ele era o melhor menino formado do ponto de vista técnico. Mas o ser humano não é um mecanismo, é uma coisa muito maior que se expressa e se revela com base no nível de autoestima que possui.

Jovens participam de atividades de formação humana. Betim, MG.

O jovem que ganha com o tráfico de drogas em dois dias aquilo que ganharia em um mês trabalhando todos os dias levantando às 6h da manhã, precisa de uma motivação especial para fazer a escolha pelo trabalho árduo. O mesmo ocorre com aquele jovem que, no seu primeiro emprego, não tendo a real compreensão do seu espaço na sociedade, joga o martelo na cabeça do chefe da oficina. Eles somente poderão conquistar essa motivação e desenvolver uma visão holística da sua existência através de um forte programa de formação humana, baseado nos valores da educação e do trabalho. Esse é um dos pontos inovadores da filosofia de trabalho do Árvore da Vida, que foca sobretudo na formação do melhor cidadão e no desenvolvimento das virtudes fundamentais para viver bem em sociedade, tais como confiança, generosidade, coragem, tolerância, lealdade, paciência, humildade e honestidade.

O resultado poderia ser resumido em números expressivos: são 1.578 alunos em cursos de qualificação profissional e 1.442 pessoas inseridas no mercado de trabalho. Além disso, outros 952 jovens aprendizes foram formados. Os números, contudo, não descrevem o percurso humano de cada menino que encontrou a confiança em si e elevou sua autoestima. Seria muito bom se pudéssemos contar aqui a história de cada um desses jovens. Mas o mais importante é que certamente todos eles podem escrever sua própria história, com muito orgulho e grande sentimento de realização.

A MISSÃO DO EDUCADOR

A atração exercida pelo tráfico de drogas sobre os adolescentes do Jardim Teresópolis é bem conhecida pelos educadores do Árvore da Vida. Edna Maria dos Reis dá aulas

A educadora Edna Reis com uma de suas turmas de atividades socioeducativas. Betim, MG.

de formação humana no chamado eixo socioeducativo do programa, que oferece oficinas de esportes, canto e percussão para os adolescentes de até 15 anos. A trajetória de dificuldades vivida por Edna na infância e na adolescência certamente lhe deu sabedoria e autoridade para lidar com a vulnerabilidade desses alunos. Para chegar à graduação em Pedagogia, ela teve que superar, por exemplo, o atraso escolar durante uma temporada difícil com a família em Ouro Preto do Oeste, em Rondônia, onde o avô havia comprado terras para os filhos cultivarem. Na pequena cidade, só havia escola até a quarta série do ensino fundamental. Depois de 3 anos sem estudar, Edna passou 2 anos longe da família num colégio interno em Cuiabá, no Mato Grosso. Voltou a Rondônia quando a inauguração de uma escola rural permitiu-lhe fazer a sétima série. Em 2001, a família voltou para Belo Horizonte com sérias dificuldades financeiras. Edna trabalhou como doméstica até que encontrou a CDM. Primeiramente, fez um curso profissionalizante de promotora de vendas oferecido no Jardim Leblon, bairro popular onde mora até hoje. A qualificação abriu-lhe as portas do trabalho no comércio. Nesse período, graduou-se em Pedagogia. Em 2006, foi indicada pela comunidade do Jardim Leblon para trabalhar em um projeto da CDM de conscientização sobre o uso eficiente da energia elétrica.

Em 2007 Edna foi selecionada para uma vaga de educadora social no programa Árvore da Vida. Chegou à coordenação da área socioeducativa do programa em 2012, mas, como ela mesma diz, a nova função não fez seus olhos brilharem. Gostava mesmo era de trabalhar na linha de frente, em contato direto com os adolescentes e suas famílias. Dois meses depois foi reconduzida novamente à função de educadora. Nesses 7 anos no Árvore da Vida, dando aulas com o ouvido afinado para os grandes desafios da comunidade, como a falta de acesso à educação de qualidade e à cultura, Edna formou um repertório de histórias vitoriosas. Uma delas é a de Lucas Costa:

"Certa vez o Lucas reapareceu depois de um tempo sumido. Perguntei por que tinha deixado de vir às aulas e o convidei para participar da atividade que estávamos fazendo. Era uma dinâmica sobre identidade – cada um tinha que dizer como se chamava e como gostaria de ser chamado. Quando chegou sua vez, ele disse: eu me chamo Lucas, mas gostaria de ser chamado de 'Pitbull'. Então eu o questionei, não conseguia entender por que ele queria mudar um nome tão bonito. Ele explicou que o pitbull era um cão perigoso que metia medo, e quem era assim comandava a comunidade. Retruquei dizendo preferir que ele continuasse sendo o Lucas."

UMA NOVA VISÃO DE MUNDO

Com 19 anos completados em 2014, Lucas Costa, morador da Vila Recreio, perdeu o pai aos 6. Por isso, muito cedo, enquanto a mãe trabalhava como doméstica, foi encarregado de cuidar dos irmãos mais novos: Scarlet, atualmente com 18 anos, e Marco Túlio, de 13 anos. No Árvore da Vida, Lucas fez oficina de música e de percurso formativo para o trabalho, sendo encaminhado como aprendiz para a Companhia de Desenvolvimento Econômico de Minas Gerais (Codemig), em Belo Horizonte. Atualmente, trabalha numa fundição nas proximidades de casa. É paneleiro, operário responsável por fazer vazar o metal líquido, a 700 graus centígrados, em fornos de indústrias da região. Lamenta ter interrompido os estudos no último ano do ensino médio devido ao regime de trabalho em turnos de revezamento, mas ainda pretende voltar à escola. Lucas impressiona pela sinceridade com que relata os percalços da própria vida e as escolhas que teve que fazer:

"Minha mãe trabalha como empregada doméstica desde que eu me entendo por gente. Cresci sozinho, na rua ou olhando os meus irmãos. Tinha uns colegas meus no Árvore, então eu fiz a ficha e fui chamado. Entrei na oficina de percussão, sempre gostei de música. Ali era fino demais! Aprendi muito com o professor Fred. Tenho saudade, a turma era legal. A percussão foi um jeito de ficar mais calmo; se você está com vontade de bater em alguém, vai lá e bate no tambor, relaxa, quando você vê está tranquilo, fazendo o que gosta. Dentro de casa eu era muito estressado, se falasse 'A' comigo e eu não gostasse, eu picava o pé nos meus irmãos. Mas hoje é tranquilo. Eu e minha irmã Scarlet sustentamos a casa. Minha mãe foi embora morar com o novo marido.

"As aulas de formação humana me ensinaram muita coisa: a saber chegar numa pessoa sem medo de conversar, a ter um diálogo fluente; você fala e a pessoa sabe que você está falando uma coisa produtiva. Eu era pequeno e tinha que falar para uma sala cheia. Suava frio, engasgava... Até a oitava série, eu ganhei três ou quatro diplomas de melhor aluno do ano. Enquanto estava nas oficinas, o Árvore da Vida me acompanhava na escola e, como eu não queria sair do programa, fazia tudo para ser bom aluno. Quando fui para o ensino médio, ia fazer 16 anos, já fora das oficinas, eu tinha de estudar à noite e trabalhar de dia.

"Hoje olho pra trás e vejo que o Árvore da Vida me deu força de vontade para ser alguém na vida. Graças a Deus me livrei do crime. Mas é aquela história: se você quer um doce e me pede dinheiro para comprar, eu posso dar a oportunidade de você ganhar o dinheiro para comprar o doce, mas não vou te dar o dinheiro. O Árvore da Vida deu a oportunidade, coube a cada um fazer a escolha."

FORMAÇÃO PARA O TRABALHO

A construção dessa identidade ancorada na atitude responsável, tão importante na trajetória de Lucas Costa, é meta crucial do ramo socioeducativo do Árvore da Vida. Quando os adolescentes atingem os 15 anos e entram no percurso formativo preparatório para o mercado de trabalho, as aulas de formação humana passam a ter a empregabilidade como foco principal. Por isso mesmo, o conteúdo costuma ser desenvolvido em conjunto com as empresas – que patrocinam cursos de qualificação profissional e oferecem vagas para aprendizes – e com as entidades formadoras, como o Serviço Nacional de Aprendizagem Industrial (SENAI).

Vanessa Neves foi coordenadora do Centro de Referência ao Trabalhador (CRT), que faz parte das ações do eixo Geração de Trabalho e Renda do Árvore da Vida. O CRT responde pelo percurso formativo para o mercado de trabalho, que atende a jovens de 15 a 17 anos, pela aprendizagem industrial, na faixa etária de 17 a 24 anos, e por cursos de qualificação profissional para adultos.

Moradora de Betim, Vanessa graduou-se em Psicologia em 2011. Seu primeiro trabalho na Associação de Proteção à Maternidade, Infância e Velhice (Apromiv) foi o atendimento a adolescentes gestantes de vários bairros da cidade. Nessa atividade, conheceu o Jardim Teresópolis, onde acompanhava um grupo de grávidas duas vezes por semana. Além da conscientização sobre as implicações emocionais da gravidez, orientava sobre planejamento familiar de forma a evitar novas gestações não programadas. Em 2013, foi selecionada para uma vaga de técnica social do programa Árvore da Vida. Sua primeira missão foi acompanhar o desempenho de adolescentes encaminhados para cursos de formação profissional em instituições como o SENAI e o processo de aprendizagem dentro das empresas. Ela conta como o relacionamento estreito com os empregadores e com as entidades de formação profissional é a chave para o sucesso do trabalho do CRT:

"Comecei a trabalhar na aprendizagem industrial. Tinha a responsabilidade de fazer os processos seletivos, buscar parceria com empresas e formar turmas no Senai para aprendizagem e acompanhá-las. Eu ia ao Senai toda semana, visitava as famílias dos alunos e também me relacionava com o departamento de recursos humanos das empresas para monitorar a frequência dos aprendizes, a folha de pagamento, os descontos, etc. Procurávamos desenvolver nos adolescentes algumas competências que as empresas consideravam necessárias. A Magna, por exemplo, fabricante da parte estrutural de bancos automotivos, nos pediu para trabalhar uma competência junto aos menores aprendizes ligada ao entendimento das questões de hierarquia no trabalho, pois uma turma anterior apresentou essa lacuna. E assim íamos melhorando o processo a cada nova turma.

"Esse é um diferencial do Árvore da Vida: desenvolver junto com cada empresa parceira o conteúdo da formação dos aprendizes. O Árvore já entra com um roteiro básico, que é trabalhar liderança, relações no trabalho, ética, responsabilidade com a empresa e com a função que ocupa, gestão do tempo e uma comunicação assertiva. São 90 horas de aula de formação humana que acrescentamos à grade curricular de cada curso montado pela entidade formadora. O programa também se encarrega do reforço de português e de matemática."

HISTÓRIAS PARA CONTAR

Depois do trabalho com adolescentes grávidas, em que o componente emocional se sobressaía, Vanessa parecia ter mergulhado num universo dominado pelas variáveis da organização do trabalho industrial. A terapeuta dava lugar à técnica em recursos humanos. Mas não era bem assim. Além de preparar os alunos para entrevistas, instruir sobre a redação de currículo e orientar sobre posturas no trabalho, as aulas de formação humana constituem um espaço para a reflexão de emoções e relacionamentos, dentro e fora de casa. Por isso, Vanessa tem muitas histórias para contar sobre as aflições dos jovens e adultos atendidos pelo CRT. Ela lembra com carinho o caso de Rafael, acolhido em 2013 numa outra linha do programa, os cursos para adultos de qualificação profissional e encaminhamento para o emprego. O rapaz foi um dos 53 selecionados, com idades entre 19 e 45 anos, para o curso de operador de empilhadeira e de rebocador industrial. A maioria está trabalhando na área. A formação foi realizada pelo Árvore da Vida em parceria com o Serviço de Aprendizagem no Transporte (SEST-SENAT). A iniciativa foi provocada pela alta rotatividade de mão de obra que a Fiat registrava nessas funções. Com as aulas de formação humana, o Árvore da Vida pôde dar suporte emocional a alunos do curso que viviam momentos delicados, como o Rafael:

"Ele tinha completado 21 anos e chegou aqui muito aflito. A namorada estava grávida, iam se casar, ele não sabia como sustentar a nova família. Sua experiência profissional era pouca e os estudos pararam no ensino médio. Ele buscava uma remuneração maior do que o salário mínimo, mas era difícil com aquele perfil. Viu uma chance no curso de operador de empilhadeira que abrimos em 2013. A necessidade era tão grande que o Rafael se dedicou de forma absoluta. Ele nunca tinha pegado no volante de uma empilhadeira, mas com apenas três dias de treinamento prático no veículo, foi um dos cinco aprovados pela Fiat. Empregado, se casou, a filha nasceu, a casa da família foi montada, mas Rafael não se acomodou. Resolveu investir mais na própria formação. No início de 2014, abrimos uma turma de aprendizagem em tornearia mecânica, numa parceria com o SENAI e a Tokai, uma fabricante de material elétrico para a indústria automotiva. Rafael agarrou a oportunidade, mesmo sabendo que, entre a jornada noturna na Fiat e as aulas no SENAI, sobraria apenas um breve intervalo para passar em casa e tomar o café da manhã."

O PIONEIRISMO DO ISVOR

Essa consciência de que estávamos acolhendo jovens que precisavam de qualificação técnica, mas também de suporte emocional e de formação humana, já estava presente no nascimento do projeto Árvore da Vida em atividades de capacitação profissional desde 2006. Tínhamos um diagnóstico: o Brasil, de uma forma geral, estava muito carente de mão de obra qualificada e não havia oferta de cursos de capacitação gratuitos e com o nível exigido pelo mercado de trabalho, situação que hoje está sendo, em parte, suprida pelo Programa Nacional de Acesso ao Ensino Técnico e Emprego (Pronatec).

Isso não era diferente nas empresas do grupo Fiat e nas concessionárias da marca. Nós fomos buscar o apoio do ISVOR, a universidade corporativa do grupo Fiat, que fazia, com excelência, a formação técnica e o treinamento de todo o pessoal do Grupo Fiat, incluindo concessionárias. A superintendente do ISVOR, Márcia Naves, assim como seus funcionários, abraçaram a causa e desenharam um programa de treinamento completo e eficiente para atender aos jovens do Árvore da Vida. O treinamento seria decisivo para aquelas pessoas em busca da primeira oportunidade profissional.

Elisa Leite, gerente do ISVOR, acompanhou de perto esse projeto com o interesse de quem tinha ajudado a implantar a ideia quando trabalhava na Comunicação da Fiat. Graduada em Comunicação Social, ela fez carreira na área de marketing de grandes empresas, como a cervejaria Brahma e a Telemig Celular. Chegou à Fiat em 2006 para trabalhar na minha equipe e comandar a área de Eventos, Relações Públicas e Responsabilidade Social. Um dos desafios que ela assumiu pessoalmente foi a vertente de capacitação profissional que ganhava cada vez mais relevância no Árvore da Vida. Em 2010, quando foi convidada para trabalhar no ISVOR, pôde perceber com mais clareza, no convívio diário com a área técnica responsável pelos cursos, a alegria das pessoas por terem formado mais de 800 jovens do Jardim Teresópolis:

"O Árvore da Vida Capacitação Profissional é um projeto completo, que capacita os jovens e os direciona para as empresas. É uma boa solução para as concessionárias e para a própria Fiat, que demandam pessoal mais qualificado. É bom pra todo mundo.

"O projeto deu muito certo porque foi construído a várias mãos: pelo ISVOR, pela Fiat, pelas concessionárias e pelas ONGs parceiras. Começava com uma reunião envolvendo os escritórios regionais da Fiat, a Diretoria de Comunicação Corporativa e as concessionárias. As principais necessidades eram levantadas em conjunto, avaliando-se todas as áreas, e cada concessionária fazia uma previsão de quantos profissionais precisaria. A partir daí, elas se tornavam corresponsáveis pelo processo de capacitação e também dividiam o custo com a Fiat. Começamos no Jardim Teresópolis e extrapolamos o entorno da fábrica. Depois atingimos oito capitais brasileiras, sempre em parceria com as concessionárias Fiat.

"Considerando apenas os jovens do Jardim Teresópolis com quem convivi muito nas outras linhas de ação do Árvore

Filippo Henry, hoje atuando como instrutor do ISVOR FIAT, a universidade corporativa da Fiat no Brasil. Betim, MG. Setembro de 2015.

da Vida, percebo a paixão que eles têm pelo Programa e pelas oportunidades que ele oferece. Por sinal, tenho o prazer de ter a meu lado no ISVOR, há um ano e meio, um jovem da comunidade que fez parte da turma de junho de 2007 a março de 2008. Chama-se Filippo Henry Moreira Mota, tem 25 anos, estuda Engenharia Elétrica e é instrutor. Atualmente, ele ensina mecânica de caminhões para turmas de concessionárias da Iveco no Brasil inteiro. Antes de vir para cá, trabalhou por mais de 4 anos em concessionárias. Nas avaliações periódicas que fazemos, ele tem sempre notas muito boas. O Filippo fala do Programa com muito amor."

A FORÇA DO EXEMPLO

É muito importante o testemunho desses jovens que estão fazendo uma bela carreira profissional e ao mesmo tempo cumprem um papel positivo na família e na comunidade. Contamos

Jovens comemoram sua formatura no curso de capacitação profissional. Betim, MG. Abril de 2007.

com muitos deles para levar um exemplo para os adolescentes e jovens que estão no Árvore da Vida hoje.

O Paulo Eloísio, que trabalha há 6 anos na Engenharia de Experimentação da Fiat, sempre atende aos nossos convites para conversar com os garotos do Jardim Teresópolis. Ele perdeu o pai antes de completar 1 ano. A despeito das grandes dificuldades financeiras da mãe, a faxineira Elzira, e dos oito irmãos, Paulo foi um bom aluno: terminou o ensino médio sem atraso e começou a trabalhar numa loja de autopeças, atraído pela paixão por mecânica de carros incutida pelo padrinho, motorista de táxi. Aos 19 anos fez o curso de gestão em segurança urbana do programa de prevenção da criminalidade Fica Vivo, do governo estadual. Na unidade do Fica Vivo do Jardim Teresópolis, Paulo gerenciou oficinas de futebol para adolescentes. Saiu de lá para retomar o sonho de ser mecânico profissional no Árvore da Vida. Foi contratado pela concessionária Tecar, em Belo Horizonte, pouco depois mudou-se para a Scuderia Fiat, em Betim, mais perto de casa, até chamar a atenção da própria montadora que o contratou para trabalhar na Engenharia de Experimentação, área que testa protótipos, peças e novos produtos da empresa. Começou a estudar Engenharia Mecânica, mas interrompeu para ter mais tempo para cuidar da irmã mais velha, que ficou muito doente por um longo período.

Lembro-me da primeira vez que vi o Paulo, numa visita que fiz ao programa Fica Vivo, no Jardim Teresópolis. Uma turma fazia uma apresentação de *street dance* e o Paulo estava lá, fazendo um pião, aquele movimento em que o dançarino gira o corpo com a cabeça apoiada no chão. Tem uma atitude alegre, para cima, que contagia os meninos nas palestras:

"Olha, eu penso que o jovem não tem medo de trabalhar, de viver a ampla liberdade, ele tem medo é de ter uma vida sem sentido. Quando visito o Árvore da Vida, falo para os meninos: 'Eu consegui, hein? Passei por todas as dificuldades que vocês passaram, chorei como vocês choraram, mas não desisti. Então não desistam!'. Encontro com os meninos na rua, converso com eles. Acho que é uma forma de retribuir o carinho que recebi dos educadores do Árvore quando estava fazendo a qualificação profissional no ISVOR e mesmo depois. Eu estava lá trabalhando na concessionária e eles ligavam para saber como eu estava, visitavam a minha família."

Paulo se casou recentemente. Na hora de escolher a madrinha, não teve dúvidas. Convidou a Valéria, educadora do Árvore que o acompanhou de perto naquele período de afirmação como cidadão e como profissional.

CAPÍTULO 6
COOPERÁRVORE
O PROTAGONISMO DAS MULHERES

O embrião da Cooperárvore, cooperativa de produção formada principalmente por mulheres, muitas delas mães do Jardim Teresópolis, foi a necessidade de inserir esse grupo de pessoas em processo efetivo de crescimento. Os diagnósticos sobre as famílias mostravam que muitas mães não tinham renda ou ganhavam muito pouco, o que dificultava evitar o envolvimento dos adolescentes com o tráfico de drogas. Eu queria conectar essas mães à Fiat e às empresas parceiras através do trabalho. Era a única saída, pensava. Meu sonho era fazer com que elas produzissem, por exemplo, os uniformes utilizados pelos empregados da própria Fiat e os calções e camisetas para os meninos da oficina de esportes e artes, muitos deles seus próprios filhos.

Essa experiência também seria inédita entre os programas sociais das empresas. O que era comum ver nesses projetos eram cursos de corte e costura, porque se pressupõe que muitas mulheres, de modo geral, aprenderam pelo menos rudimentos desse ofício doméstico. Mas se fazia mais do mesmo com esses cursos.

Nas minhas pesquisas pessoais e nas andanças pela Vila Madalena, em São Paulo, com Gilberto Dimenstein, tinha visto algumas unidades produtivas muito interessantes e

Colaboradora separa materiais na Ilha Ecológica da Fiat. De lá, os retalhos de cinto de segurança seguem para a Cooperárvore como matéria-prima para novos produtos. Betim, MG.

lucrativas. Eles aproveitavam vários tipos de materiais reciclados. O que mais me chamou a atenção foi a transformação de pneus velhos em criativos objetos de decoração, principalmente móveis – sofás, cadeiras e tantos outros – que poderiam proporcionar conforto e bem-estar a qualquer casa de bom gosto. E tudo isso poderia gerar uma boa renda para as famílias que participavam do programa.

Naquele tempo, a Ilha Ecológica da Fiat já era uma realidade: um espaço com o objetivo de abrigar, reciclar e destinar adequadamente resíduos gerados pela fábrica em Betim. Havia lá uma grande quantidade de aparas de tecido de banco de carro e de cintos de segurança e acessórios de carro refugados pelo controle de qualidade – como calotas, por exemplo – que eram triturados e vendidos para uma recicladora a preço de banana.

Com os pneus da Vila Madalena ainda vivos na memória, buscamos o apoio da designer Paula Bondan, de Belo Horizonte, para estudar os objetos da Ilha Ecológica e criar uma linha de

Calotas refugadas da Ilha Ecológica da Fiat viram relógios. O primeiro de uma série de produtos desenvolvidos e comercializados pela Cooperárvore. Betim, MG.

produtos criativos a serem trabalhados pelas mulheres do Jardim Teresópolis, concretizando assim a nossa Cooperárvore.

Com o apoio do então diretor industrial da Fiat, Fábio D'Amico, Paula foi apresentada à Ilha Ecológica e às mulheres do Jardim Teresópolis que se tornariam suas alunas. O primeiro produto trabalhado pela unidade produtiva que estava surgindo, ainda como exercício dos cursos aplicados por Paula, foi o relógio-calota de parede, que materializou o novo momento do relacionamento entre empresa e comunidade. Os relógios foram adquiridos pela própria Fiat e distribuídos em diversos eventos corporativos da empresa.

Depois do sucesso dos relógios de calotas, vieram as bolsas com tecido de banco de carro. No incrível processo criativo de Paula e, depois, de professores e alunos das oficinas de criação do curso de Design da Universidade FUMEC que se juntaram a ela, o cinto de segurança era a óbvia alça das bolsas. Até hoje este é o produto de maior sucesso da Cooperárvore, porque encanta pela exclusividade e originalidade. Outros produtos que saíram dessas oficinas foram chaveiros, jogos americanos para mesa de jantar, jogos infantis e vários outros itens. Além da Fiat, os clientes surgiam de todos os lados e a Cooperárvore passou a gerar renda para 20 famílias já no primeiro ano.

Parte da minha ideia inicial se concretizou, em seguida, nas camisetas dos alunos das oficinas do programa. Continuei a sonhar com uniformes de empresas feitos pelas mulheres da comunidade, para que os operários percebessem que os uniformes que vestiam ajudavam a transformar vidas.

O DESAFIO DE APRENDER

A solução que adotamos de dirigir o trabalho das mulheres recém-saídas dos cursos de corte e costura para a produção de brindes para a Fiat e outras empresas causou, no começo, um certo estranhamento por parte das futuras cooperadas, como conta uma das primeiras alunas, Iracema Pereira da Costa Salgado:

"Com sete meses de curso, a Fiat nos deu um arranco: 'Vocês montam uma cooperativa e começam a trabalhar; nós doaremos o material'. Aí começou: juntaram a CDM e a AVSI, compraram máquinas para nós e chegaram as doações de tecidos de carros e cintos de segurança. Começamos a fazer umas bolsinhas, sem saber direito como, já que nosso treinamento era com costura em roupa. Foi uma ansiedade muito grande. Juntamos as mulheres, nos organizamos, montamos uma cooperativa numa felicidade doida! No primeiro mês de serviço, ganhei R$ 25 e para mim foi um dinheirão, eu não tinha dinheiro nenhum dentro de casa. Aí, nós começamos a treinar mais. Vou te falar, hoje a gente faz umas maravilhas de bolsas!"

Iracema Salgado, uma das pioneiras e hoje presidente da Cooperárvore, em atividade de corte e costura. Betim, MG.

Iracema assume com orgulho o trabalho: "Em todo lugar que a gente vai, as nossas bolsas são muito bem vistas. E juntas, porque uma andorinha não faz verão, estamos aperfeiçoando ainda mais nosso produto. O que a gente faz é diferenciado, você não acha igual em nenhum lugar para comprar".

Essa mulher simples e valente adquiriu um grau de envolvimento com o Árvore da Vida que demonstra o acerto no foco escolhido. Foi o interesse de Iracema em acompanhar os filhos inscritos em oficinas do programa que a trouxe para o curso de corte e costura. Nascida em São Manoel de Mutum, ela veio para Belo Horizonte em 1976, aos 14 anos, com os pais e os onze irmãos. Dos 15 aos 17 anos foi empregada doméstica. Aos 18 virou operária em uma fábrica de alimentos em Contagem. Morou em vários bairros de Belo Horizonte até que, despejada de uma casa invadida numa área de risco, a família ganhou um lote com uma construção precária de um cômodo no Jardim Teresópolis.

Aos poucos, o pai de Iracema, pedreiro, foi ampliando a casa. Ela e o marido, Antiles, também tiveram que batalhar pela casa própria. Depois de dois anos e meio morando com a sogra e grávida do primeiro filho, Iracema deixou o trabalho. Juntou o que recebeu na rescisão do contrato com as economias do marido para comprar a casa na rua Inajá. Por mais de 15 anos foi exclusivamente dona de casa, cuidando dos três filhos pequenos. Em 2004, num momento delicado para a família, ela chegou ao Árvore da Vida. O marido, marceneiro, tinha sofrido um AVC que o afastou definitivamente do ofício:

"Eu cheguei aqui no Árvore através de cursos que os meus meninos vieram fazer. Lembro como se fosse hoje: eu estava na missa, e a Simone, uma menina muito bonita e muito bem arrumada, apareceu. Ela disse: 'Eu estou aqui hoje para pegar nomes de jovens que quiserem fazer cursos de capacitação para o primeiro emprego'. Aí eu pus o nome dos meus filhos mais velhos, o Alcides e a Shirlei. Depois de 15 dias, eles mandaram um papel para a minha casa chamando para uma reunião de pais. Eles queriam saber se a gente gostaria de fazer um curso. Quem quisesse tinha que escolher o curso e preencher uma folha. Assim, do nada, eu, que era doida para aprender a costurar mas não sabia nem pegar na tesoura, me inscrevi."

Certamente o engajamento de Iracema contribuiu para o bom desempenho dos filhos nas oficinas do programa e na escola. Os mais velhos fizeram cursos de qualificação profissional no Árvore da Vida e foram encaminhados para os empregos em que estão até hoje. Alcides trabalha na linha de montagem da Fiat e Shirlei é secretária na PUC Betim, onde, atualmente, faz graduação em Psicologia. A caçula, Daiane, participou da Cooperárvore até engravidar, quando decidiu ficar em casa para cuidar da criança.

A INVENÇÃO DE UMA COOPERATIVA

A história de Iracema ilustra bem a dificuldade de transformar em um caso de sucesso a estratégia de geração de trabalho e renda para mães do Jardim Teresópolis. Os percalços desse processo estão bem vivos na memória de gestores do Árvore da Vida, como é o caso de Ana Veloso, que acompanhou o programa muito de perto por dez anos. Graduada em Jornalismo e em Relações Públicas, com pós-graduação em Jornalismo Científico, ela foi admitida na equipe de Comunicação Corporativa da Fiat em junho de 2003. Justamente nesse período, começava a ganhar corpo a ideia de concentrar as ações de responsabilidade social da empresa no desenvolvimento local inclusivo do Jardim Teresópolis. Ana conta que não existia na comunidade nem sequer traços de vocação para o cooperativismo:

"O mais comum é uma cooperativa surgir da vocação local ou regional em que várias pessoas ou unidades familiares fazem coisas parecidas tradicionalmente. Essas características simplesmente não existiam na região.

"Começamos com algumas oficinas de artesanato e corte e costura e, depois, de serigrafia. Mas ainda não eram unidades produtivas, eram aulas. Às vezes, se uma mãe ou tia dos jovens estivesse ociosa ou demandando alguma atividade, ela teria acesso a cursos com início, meio e fim. Só começamos a pensar em uma unidade produtiva com os cursos em andamento. De 2004 a 2006, essa ação funcionou como uma unidade produtiva, mas sem formalização jurídica.

"O vínculo necessário para a criação de uma cooperativa foi surgindo aos poucos, primeiro nos cursos, em que as mulheres do bairro se conheceram e entenderam que poderiam se juntar para produzir. No início, foram alguns brindes institucionais para a Fiat. Algumas ideias como a produção de

Claudineia Silva: novas perspectivas de vida e trabalho a partir da atuação na Cooperárvore. Betim, MG.

uniformes para a empresa não se viabilizaram de imediato, porque no Árvore da Vida a produção era em pequena escala, não havia como competir com fornecedores industriais."

O amadurecimento desse processo culminou na formalização de uma cooperativa que batizamos de Cooperárvore. A partir desse momento, passamos a contar com uma equipe técnica dedicada, ainda vinculada às ONGs parceiras, que foi encontrando os caminhos para a estruturação administrativa de uma cooperativa com características tão peculiares.

As dificuldades da primeira fase da Cooperárvore, em que foram necessárias muitas adaptações e até um certo improviso, desafiaram algumas cooperadas a se aperfeiçoarem. Claudineia Alvarenga da Silva, por exemplo, está fazendo um curso de qualificação de gestores na Organização das Cooperativas do Estado de Minas Gerais (Ocemg). Ela chegou ao Árvore da Vida no fim de 2006 para ajudar na produção de artesanato e brindes. Faxineira diarista, ofício herdado da mãe, Claudineia buscava uma tábua de salvação. Acabara de internar pela segunda vez o então marido, viciado em drogas, numa casa de recuperação. Pelos seus cálculos, dois dias de trabalho nas mesas de costura e arremate complementariam a renda das faxinas para sustentar os dois filhos pequenos e pagar as despesas da clínica.

A oportunidade no Árvore da Vida veio porque tinha chegado uma encomenda grande da Fiat. "Começaram a chamar pessoas do bairro para trabalhar. Quando a cooperativa entregou a encomenda da Fiat, me convidaram pra continuar e eu aceitei. Só que eu não achava muito importante, porque num mês tinha serviço, no outro não. Então, o Árvore da Vida nos convidou para assistir palestras sobre cooperativismo, quadro social de cooperativa, como lidar com clientes, essas coisas, e eu comecei a participar", relembra Claudineia.

"Hoje, como conheço profundamente a Cooperárvore e estou fazendo esse curso de formação de dirigentes de cooperativas, eu vejo que ela foi criada de uma forma diferente, dentro de um projeto social, para ajudar a comunidade. Não foi uma cooperativa criada pelas cooperadas, ainda não somos nós que dirigimos integralmente a cooperativa porque temos o apoio das ONGs", acrescenta.

DESENVOLVIMENTO DO NEGÓCIO

A busca de uma maior eficiência da Cooperárvore, com vistas ao almejado equilíbrio financeiro trouxe para o programa, em maio de 2009, a administradora Luciana Freitas. Contratada pela Fundação AVSI, Luciana tinha conhecimento técnico, experiência de vida e uma trajetória de empreendedora versátil. Depois de se graduar em Administração de Empresas, trabalhou em um banco e em uma construtora, teve uma empresa de serviços de motoboy em Belo Horizonte e administrou duas mercearias no interior do Estado. Segundo ela, os grandes desafios que encontrou na Cooperárvore foram as deficiências de organização formal e de racionalização dos processos.

"Quando cheguei, a cooperativa registrava prejuízo financeiro acumulado e a produtividade era baixa. As compras de materiais não eram bem planejadas, o que gerava desperdício e comprometia o caixa. Não havia atas das assembleias e os livros de registro contábil estavam desatualizados. Melhoramos muito os processos, a qualidade da produção, o produto acabado e o próprio engajamento das pessoas. Hoje as cooperadas têm mais atitude, entendem que esse negócio é delas, se organizam melhor, fazem produções mais efetivas e tomam decisões em benefício delas próprias."

A CRIAÇÃO COLETIVA

O trabalho de criação dos produtos, inicialmente feito por designers convidados, contribuiu para ampliar o repertório de possibilidades que as cooperadas enxergavam para a transformação das matérias primas em produtos diferenciados. Além disso, a participação em cursos, feiras, exposições, eventos culturais e artísticos também contribuía para esse desenvolvimento.

O passo seguinte foi experimentar um trabalho mais integrado entre jovens profissionais do design e as próprias cooperadas para a criação de novas peças. Com isso, a Cooperárvore internalizou gradualmente o desenho e a criação de produtos, primeiro com o designer Igor Villas Bôas e, desde abril de 2011, com a Rafaella Thomé, graduada em Design de Moda pela Universidade FUMEC e técnica em Comunicação Visual. A despeito do talento e do conhecimento técnico, Rafaella não abre mão da contribuição das cooperadas no dia a dia do processo criativo que gera cada coleção da Cooperárvore.

"Quando cheguei, nem todas foram receptivas, achavam minhas ideias muito malucas. Começamos com coisas bem simples, aos poucos fomos colocando mais desafios. Elas diziam que não iam dar conta, eu dizia: 'Faz uma costura aqui, olha que vai dar certo!'. O cinto de segurança, por exemplo, era usado apenas em detalhes das bolsas. Eu as incentivei a criar outros tipos de produtos. 'Não tem jeito', elas diziam. Realmente, chegamos a quebrar a agulha da máquina de costura várias vezes. Fomos testando, aprendemos juntas e, hoje, com o mesmo maquinário, conseguimos desenvolver uma linha com 10 a 20 itens, feitos totalmente com cinto de segurança. São produtos bem diferenciados. Às vezes, elas se inspiram nas ruas, trazem desenhos ou mesmo peças prontas; a gente faz algum ajuste e decidimos em conjunto. Elas têm uma reação de orgulho e tentamos valorizar isso. Nós até 'batizamos' os produtos com os nomes delas – a gente fala 'a bolsa da Deja', ou 'a bolsa da Suelen', por exemplo."

Grupo de cooperadas exibem orgulhosas os produtos criados e desenvolvidos por elas. Betim, MG. Outubro de 2012.

ABRINDO HORIZONTES

Essa valorização não vem apenas do produto e da renda. Aquela Claudineia que entrou no Árvore da Vida em busca de um dinheirinho a mais mudou muito. É claro que a caminhada segura dos filhos ajudou a guerreira a ficar com a alma mais leve. Jennifer, Welbert e Scarlet fizeram cursos de qualificação no Árvore da Vida e foram trabalhar em concessionárias Fiat. A adolescente Kersen trabalha como aprendiz na fábrica. Claudineia também conseguiu reunir forças para se separar do marido. Um novo casamento lhe trouxe o caçula João Pedro, hoje com 5 anos. Mas o grande orgulho de Claudineia é a tenacidade que desenvolveu para aprender coisas novas e conhecer lugares que há 10 anos não podia nem imaginar:

"Geralmente as palestras aconteciam às seis horas da tarde em Belo Horizonte. A Fiat levava a gente de ônibus. Eu decidi participar; ia a todas as palestras. Era muita correria: levava os meus filhos para a casa da minha mãe, ia correndo para casa. Combinava com o motorista: 'Você me espera lá na esquina da avenida Belo Horizonte, eu vou estar lá'. Tomava banho e subia correndo para pegar o ônibus. Íamos para a UNA, faculdade no centro da cidade. E eu voltava com aquilo na cabeça, empolgada. Nessa ocasião, entrei também no Grupo de Referência do Árvore da Vida, e a gente fazia passeios em lugares artísticos, como a Casa Fiat de Cultura. Eu tenho uma coisa comigo: tudo a gente aproveita. Nesses passeios, sempre ficava pensando o que era importante, o que podia ser usado na cooperativa, o que podia agregar na minha vida pessoal.

"Quando era pequena e me perguntavam o que eu queria ser quando crescesse, eu respondia: diarista. Se minha mãe era diarista, então eu também seria. Mas percebi que minha vida tinha mudado. Não tanto financeiramente, mas em conhecimento. Já fui até à Itália! Eu cresci como pessoa e agora tenho uma visão diferente do mundo!"

Para essas mulheres do Jardim Teresópolis a simples ideia de uma viagem era algo realmente complexo, quase fora de cogitação. Que o diga a cooperada Iracema. Até 2011, ela tinha viajado duas vezes em 40 anos de vida: a primeira, na mudança para Belo Horizonte, aos 14 anos, e a segunda, aos 22, para visitar parentes em São João do Manhuaçu, a pouco mais de 300 km de Betim. E não é que ela também foi à Itália?

PROJEÇÃO INTERNACIONAL

Escolhida para organizar e acompanhar a ida de três cooperadas ao *meeting* em Rimini, Ana Veloso se emociona ao relembrar os preparativos e a estada na Itália.

"O evento em Rimini – cidade situada no norte da Itália, na região da Emília-Romanha – é uma grande exposição de ideias com foco social. Não havia estandes de produtos ou serviços. Não é um congresso ou um seminário. São atividades culturais, mostras de várias instituições, com discussões políticas, envolvendo vários segmentos da sociedade. É promovido por um *pool* de instituições, inclusive acadêmicas, que elegem um tema anualmente. No ano em que fomos ao evento, o tema foi 'E a existência torna-se uma imensa certeza', que questionava os cidadãos sobre o que era certeza construída ou simples casualidade. Levantava discussões sobre as responsabilidades individuais e coletivas e exaltava, inclusive, o trabalho como uma vontade própria da pessoa.

"A AVSI, que todos os anos mantém um estande na feira de Rimini, convidou o Árvore da Vida a ocupar uma parte do espaço para mostrar o trabalho das cooperadas do Jardim Teresópolis, como experiência transformadora da vida dessas mulheres. Coincidiu com o desejo da Fiat naquele ano de ampliar a projeção internacional do programa Árvore da Vida, proporcionando a ida de três cooperadas à Itália. Elas e as pessoas do Jardim Teresópolis que tomaram conhecimento do convite se sentiram imensamente prestigiadas. Foi também uma grande oportunidade para a Fiat brasileira estar nesse evento que os próprios dirigentes da Fiat italiana reconhecem e valorizam pela qualidade e importância, principalmente, por ser uma exposição de atitudes, das melhores práticas sociais no mundo.

"Quando demos a notícia às cooperadas, uma alegria imensa invadiu o coração daquelas mulheres. Sentimos o espírito de cooperativismo, por não ter uma hierarquia. Elas decidiram fazer uma votação para escolher quem iria. Foi extremamente democrático, já que todas as 23 cooperadas naquele momento certamente desejavam fazer a viagem. A Iracema, a Jussara e a Claudineia foram as escolhidas. Desenvolvemos materiais especiais para a montagem do estande, apresentando outras ações do programa além da Cooperárvore.

"A viagem nos trouxe algumas lições; foi uma grande escola e acabou dando tudo certo. Foi muito importante o apoio da equipe da AVSI. O Jacopo Sabatiello, que hoje é diretor da ONG no Brasil, viajou conosco e nos deu uma segurança muito grande, por ser italiano e já ter participado do evento em várias edições anteriores."

CONTO DE FADAS

Ana Veloso gosta de lembrar detalhes da experiência: "A viagem de avião foi muito interessante: viajamos todas juntas na mesma fileira central de assentos. As cooperadas estavam animadas. Uma dizia: 'a comida até que é boa, mas a que eu faço é melhor!'. Outra observava que o café dela 'dava de mil!'.

Da esquerda para a direita: Alberto Piatti, da Fundação AVSI, John Elkann, presidente do Conselho de Administração da FCA, e Jacopo Sabatiello, também da AVSI, visitam o estande da Cooperárvore no evento em Rimini, Itália. Agosto de 2011.

"Atravessamos boa parte da Itália de van para chegar até Rimini. No centro de exposições, havia muitos estandes, pequenas salas para reuniões, projeções de filmes, anfiteatros para espetáculos culturais e um grande auditório onde aconteciam as conferências, como a do então presidente da república italiana, Giorgio Napolitano. Levamos máquinas de costura, mesinhas para arremate das peças de artesanato e matéria-prima. Era para ser apenas uma demonstração em alguns momentos específicos da feira, mas acabou virando um ateliê de produção. Para elas foi maravilhoso, pois venderam 100% das peças, com a renda dirigida a todas as cooperadas, não só para as três que viajaram. O sucesso foi tamanho que as cooperadas venderam até as bolsas e malas pessoais e as usadas para transportar os materiais para a feira.

"Tivemos duas visitas inesquecíveis no estande. Primeiro, a presença de John Elkann, presidente do Conselho de Administração da FCA e herdeiro da família Agnelli, principal acionista da Fiat. Foi um dos conferencistas no grande auditório. Falou sobre educação, futuro e carreiras profissionais. Durante a palestra, ele citou, para milhares de pessoas, a presença da Cooperárvore na feira, o trabalho das mulheres e o tipo de material que elas utilizavam na produção, e, no fim, convidou a plateia a conhecer o estande.

"Não poderíamos estar mais satisfeitas diante daquele gesto generoso do John Elkann. Mas ainda tivemos mais: o CEO mundial da Fiat, Sergio Marchionne, também foi visitar o estande. Quando a gente via um grupo de jornalistas e um grande burburinho, sabíamos que estavam acompanhando uma grande personalidade. Quando ele estava se aproximando do estande, me dirigi a ele e disse que trabalhava na Fiat brasileira e com muito orgulho estava ali com as cooperadas do Árvore da Vida. Ele então se encaminhou ao estande, levando junto aquele batalhão de jornalistas e deu uma entrevista, na qual afirmou que um dos grandes orgulhos da Fiat era proporcionar aquele trabalho no Brasil. Foi emocionante! Para as cooperadas, foi como se vivessem um conto de fadas.

"Essa sensação não terminou naquele aperto de mão do Marchionne. Passada a feira, organizamos passeios com as cooperadas. Um deles foi em San Marino, uma paisagem de montanhas pontilhadas de castelos. Numa das caminhadas, a

Sergio Marchionne, CEO da Fiat, e a equipe da Cooperárvore no evento de Rimini, Itália. Agosto de 2011.

Iracema voltou-se para mim e perguntou: 'Ana, posso chorar?';
e aí ela se sentou numa pedra e chorou copiosamente. Disse,
em seguida, que nunca poderia imaginar a oportunidade de
conhecer um lugar como aquele".

SUSTENTABILIDADE

Tendo em vista a meta de sustentabilidade do programa
e o seu plano de crescimento, a Cooperárvore deve continuar
suas atividades num espaço físico exclusivo, o do atual Espaço
Árvore da Vida, totalmente dedicado à atividade. A ideia é
que ela possa aumentar a escala de produção e seu portfólio de
produtos, já que a cooperativa tem o objetivo de gerar ainda
mais renda e beneficiar mais famílias.

Uma parte desse futuro já está sendo construída graças
ao projeto Cooperárvore e as Mulheres do Jardim Teresópolis
– Promoção da Paz e Protagonismo Feminino, apoiado pela
União Europeia. É uma iniciativa que prevê investimentos na
ampliação em no mínimo 30% da produção da cooperativa e
a duplicação do número de cooperadas. Inclui também uma
série de ações de orientação e sensibilização para fortalecer as
mulheres e solucionar conflitos na comunidade.

O nosso primeiro sonho já foi realizado: construir uma
cooperativa para gerar trabalho e renda às mães, mulheres do
Jardim Teresópolis. Hoje é um negócio lucrativo, com geração
de caixa suficiente para bancar seu crescimento. Agora temos
outro sonho: que a Cooperárvore consiga também reservar
parte do seu lucro para ajudar a manter as oficinas culturais
e esportivas dos filhos das cooperadas e de outros filhos. A
sustentabilidade, para nós, não é só material. Ela tem de ser
uma equação que comporte valores nobres, como a paz social,
a autoestima e a solidariedade.

CAPÍTULO 7
ESTÍMULO À ECONOMIA LOCAL

Uma característica brasileira muito forte é o empreendedorismo. Em comunidades como o Jardim Teresópolis, esse traço da nossa sociedade revela-se no comércio e nos pequenos serviços. Muita gente tem um bico para fazer, um biscate, vai para a rua vender alguma coisa ou montar pequenas casas comerciais, pensando em atender a uma clientela que mora no próprio bairro. No entanto, esse comércio local se organiza frequentemente de maneira informal, sem base técnica ou estética. Em um território em que o clima é hostil por causa dos altos índices de violência, esse aglomerado de pequenos negócios costuma carecer também de ética.

Por dois motivos, entendi que tínhamos que envolver esses empreendedores no Árvore da Vida. Primeiramente, podíamos contribuir para que eles melhorassem sua situação, organizando os empreendimentos para que tivessem maior resultado econômico, gerassem mais empregos e atendessem melhor aos moradores. Em segundo lugar, queríamos que eles se tornassem empreendedores sociais, dando uma contrapartida para a população, envolvendo-se com a proposta do Árvore da Vida de promover a educação, a cultura, o trabalho e a cidadania.

No futuro, espera-se que os empresários possam contribuir, de acordo com a capacidade de cada um, para manter as ações do Árvore da Vida.

A FORÇA DO COMÉRCIO NO JARDIM TERESÓPOLIS

Lembro-me da viva impressão que o Jacopo Sabatiello teve quando da sua primeira visita ao bairro, em 2008. Ele tinha acabado de chegar ao Brasil para ser gerente da AVSI no Árvore da Vida. Aos 29 anos, não conhecia o país nem falava português. Economista de formação, vinha de uma experiência na Embaixada da Itália em Belgrado, na Sérvia, com projetos de cooperação para o desenvolvimento social. Ele me disse, na época, que esperava encontrar no Jardim Teresópolis a imagem padrão que as TVs europeias apresentavam sobre as favelas brasileiras. Por isso, a surpresa.

"Fui ao Jardim Teresópolis pela primeira vez acompanhado do Martionei Gomes, da CDM. Para ser sincero, o que mais me marcou naquele dia não foram as coisas negativas, mas as positivas. Provavelmente porque a visão que a gente tem de algumas comunidades brasileiras, na Itália e na Europa em geral, é de lugares sem asfalto, meninos sem roupa que correm nas ruas, no meio da chuva. Descendo a rua Duque de Caxias, vi vitalidade – um ambiente cheio de lojas, pessoas na rua, exposições de produtos nas calçadas. Me parecia, sem exagerar, uma feirinha de um lugar turístico, no litoral.

"Talvez influenciado por aquela primeira visita ao bairro, iniciei o meu trabalho focando numa atividade que estava começando: o apoio aos comerciantes locais, ao empreendedorismo. Até para aprender o português e ter uma visão mais próxima da realidade local, saí um pouco do perfil de gerente de projeto e mergulhei nas atividades, acompanhando pessoalmente os coordenadores nas reuniões no bairro.

"Aí comecei a entender a problemática do Jardim Teresópolis. As reuniões com os empreendedores eram sempre à noite – durante o dia eles teriam que ficar na loja, já que muitas vezes faltava um funcionário para o atendimento. A gente se reunia às sete, oito horas da noite. Ficava tudo fechado no bairro, pouca gente na rua. Eles me aconselhavam a ter cuidado, a ir direto para casa ao final dos cursos e das reuniões, para estacionar o carro bem em frente. Percebi, enfim, a atmosfera de insegurança que se respirava no Jardim Teresópolis. Ao mesmo tempo, conhecendo aquelas pessoas, vi que elas queriam olhar para frente, abrir os horizontes e mostrar que a imagem negativa comumente divulgada sobre o bairro não refletia o coração e a alma dos moradores."

PRECARIEDADE E IMPROVISO

Eu dei razão ao Jacopo. Essas pessoas misturavam bons sentimentos e uma garra enorme no trabalho, queriam melhorar e se ressentiam da imagem negativa do bairro que escolheram para morar e trabalhar. A maioria carregava a tradição da informalidade, do improviso, própria de uma comunidade que cresceu por meio de uma ocupação em massa, sem nenhum planejamento e que, por muito tempo, manteve-se desprovida de serviços públicos essenciais. Além disso, muitas dessas pessoas, como a Regiane Verônica Gomes, proprietária de um armarinho no bairro, tinham frequentado a escola por poucos anos, porque tiveram que começar a trabalhar muito cedo para ajudar a família. Regiane nasceu em Belo Horizonte e chegou ao Jardim Teresópolis aos 8 anos para morar em um pequeno barraco em terreno invadido.

Aos 13 anos, logo depois de perder o pai, foi trabalhar como doméstica para uma família de Belo Horizonte. Tinha de dormir no emprego. Segundo ela, o maior fardo nessa rotina dura era a saudade da mãe e dos irmãos:

"Olha, eu chorava muito! Eu só tinha 13 anos, tinha acabado de perder meu pai e dormia fora. Lá no serviço, tinha um quarto para mim. Dormia sozinha. Você não imagina a solidão que eu sentia! Naqueles tempos, a minha casa no Teresópolis era de quatro cômodos: sala, cozinha, banheiro e um quarto para a família inteira. Quando meu pai era vivo, eram papai, mamãe e seis filhos, todos dormindo juntos. Por causa do trabalho, parei de estudar na 7ª série e nunca mais voltei para a escola, porque precisava ajudar minha mãe no sustento da casa. Ela sempre mexeu com comércio. Vendeu verduras, teve um bar e uma mercearia. Aí, mamãe falou: 'Ah, Regiane, não tem nada mesmo, vai casar. Já está namorando, então casa, porque menina dentro de casa namorando não dá certo'. Casei com 17 anos e, com 19, tive a minha primeira filha, a Jenifer."

ADEUS À INFORMALIDADE

Há 14 anos, Dona Delvira, mãe de Regiane, mudou de ramo. Montou uma lojinha na parte da frente da casa para vender aviamentos para costura, brinquedos, material escolar e alguns utensílios domésticos. Aos poucos, Regiane tomou a frente do Del Armarinho, tendo a intuição mercantil da mãe como única referência. O negócio não tinha nem uma placa na fachada e era totalmente informal, sem CNPJ e, consequentemente, sem alvará de funcionamento. Na família, ninguém pensava seriamente em mudar de situação. A renda era baixa, mas suficiente para compor o orçamento modesto da casa. Até porque o marido de Regiane, Evaldo, parecia estabilizado no emprego, em uma distribuidora de água mineral de Belo Horizonte. Foi sem muita expectativa, portanto, que a pequena comerciante aceitou o convite para participar do primeiro curso para empreendedores do Árvore da Vida. Hoje, ela fala com entusiasmo do salto de qualidade que deu nos negócios, levando junto o marido:

"Fiz todos os cursos nessa área de vendas, empreendedorismo e marketing. Naquela época saiu a lei do microempreendedor individual, e o Árvore trouxe professores do Sebrae para explicar como funcionava. Fomos até o Sebrae de Belo Horizonte; lá mesmo abrimos a empresa sem pagar nada e tiramos o CNPJ. Em seguida, abrimos a conta de pessoa jurídica no banco e conseguimos o alvará de funcionamento. A partir daí, a gente já podia vender para qualquer comércio, para a prefeitura, até para empresa grande, porque já tínhamos nota fiscal.

"Eu aprendi muita coisa útil para o dia a dia do comércio. Uma: não fazer estoque de mercadoria. É melhor ter apenas a quantidade necessária para vender. Antes, a gente estocava aquele tanto de mercadoria, aí nunca tinha dinheiro em caixa e sempre estava devendo, porque comprava aquele tanto de caderno e punha ali. Passava a época de venda forte de caderno, você precisava ter brinquedo e não tinha dinheiro para comprar, porque você ainda estava cobrindo o cheque dos cadernos. Assim aprendi, vai baixando o estoque, sempre com mercadoria nova, limpinha, com as datas boas, porque tudo está tendo data de vencimento agora.

"Eu também tinha muita dificuldade com contas. Eles me ensinaram a calcular as porcentagens, quanto é que você pode tirar, de quanto está sendo seu lucro, da necessidade de ter um fundo de caixa para cobrir algum prejuízo. Aprendi muito também sobre o visual da loja. Tinha só uma porta, a gente ficava o dia inteiro com a luz acesa. Aí abri outra porta com uma vitrine de vidro. Os balcões eram de ferro dos lados, vidro em cima e madeira embaixo e o cliente não via a mercadoria direito. As mudanças melhoraram demais as vendas. O pessoal do Árvore falava: 'Sai do lado de fora do seu comércio e olha de lá, como se você fosse o cliente. Que cara ele vai ter de lá para cá?'. Pus placa, coisa que nunca tivemos em 14 anos de loja. Não tinha cartão, não tinha vitrine. Tudo isso eu mudei de lá para cá. Parece coisa simples, mas antes dos cursos eu não tinha essa visão. A gente se acostuma a fazer as coisas do mesmo jeito. Mas depois que eu fiz o curso, a mamãe ficou louca: 'Minha filha, mas que boa ideia!'.

"O meu marido entrou nesse entusiasmo e quis montar o negócio dele. Era gerente de uma distribuidora de água mineral, conhecia bem o ramo. Deixou o emprego e usou o dinheiro da rescisão do contrato de trabalho para comprar as coisas de que precisava. Eu fiz tudo para ele: abri a empresa, tirei o alvará, consegui a nota fiscal. No começo a gente comprou uma Fiorino, mas depois que os pedidos foram aumentando nós trocamos pelo caminhão. Eu é que saio para pagar, para comprar, tiro nota fiscal, recebo os pedidos. Ele apenas põe a água no caminhão e vai entregar.

"Quando a gente começou esse comércio, as pessoas falavam que não ia dar certo: 'Água mineral aqui no Teresópolis, quem vai comprar?'. Era visto como coisa chique. Mas hoje em dia a gente vende para escritórios aqui perto, para residências, para casas de pessoas mais simples, para casas de pessoas mais chiques, para empresas. No verão, então, o telefone toca toda hora. A distribuidora é na rua de cima, mas o telefone fica aqui. Eu atendo, anoto o pedido, mando mensagem para o meu marido, fecho nota fiscal ou boleto mensal. Tudo isso eu aprendi no Árvore. Eu não sabia nem ligar o computador!"

A UNIÃO FAZ A FORÇA

No princípio, a proposta de melhorar a qualificação do empreendedorismo no bairro "fisgou" principalmente pequenos comerciantes informais como a Regiane. Empresários mais tarimbados, como Gilmar Silva Ferreira, da Starter Calçados, não enxergaram muita utilidade nos primeiros cursos oferecidos pelo Árvore da Vida. Afinal, estabelecido há 20 anos na rua Belo Horizonte, a principal artéria de trânsito e comércio do Jardim Teresópolis, Gilmar tinha boas razões para ser autoconfiante. Ele comanda seu negócio numa loja de dois pavimentos bastante organizada e teve uma boa formação na área de vendas, chegando ao cargo de supervisor de representantes comerciais de uma grande indústria de material elétrico. Tinha orgulho também do progresso considerável alcançado como empresário desde que abriu a loja de calçados num espaço alugado de 35 m².

Não foi pouca coisa para alguém que cresceu numa família humilde. O pai era pedreiro, e a mãe, dona de casa. Na infância, as residências do Bairro Petrolândia, em Contagem, onde moravam, não tinham sequer energia elétrica. Por causa das dificuldades financeiras da família, Gilmar também começou a trabalhar cedo e num serviço pesado. Aos 14 anos era carregador na Ceasa, um ofício popularmente conhecido como "chapa de caminhão".

As notícias dos bons resultados obtidos pelo Árvore da Vida na qualificação de pequenos empreendedores acabaram minando a resistência do empresário, que aceitou o convite para participar de uma reunião de comerciantes ligados ao

Empreendedores do Jardim Teresópolis e o coordenador do Árvore da Vida pela CDM, Paulo Heider (último à direita), em momento de formalização da Associação Comercial do Jardim Teresópolis (ASCOTE). Betim, MG.

programa. Nessa ocasião, começou a germinar a semente de uma organização formal dos empresários do bairro.

"A minha aproximação com o projeto foi inicialmente tímida, através de algumas reuniões em que se ofereciam cursos para melhoria do comércio sem nenhum custo para os empresários. Muitos fizeram e gostaram. Antes desses encontros, muitas dessas pessoas, apesar de se conhecerem, mal se cumprimentavam no dia a dia. Era cada um por si. E aí a gente começou a trocar informações sobre como conseguir uma linha de crédito no banco, por exemplo. Se um sabe o caminho das pedras, não custa nada passar para o outro. O importante é que o comércio do bairro cresça. Porque não adianta a Starter Calçados ser a melhor loja do bairro se as outras lojas de diferentes segmentos, seja de calçados ou supermercados, não crescerem. Os clientes têm de ter opção e assim comprar mais no próprio bairro.

"Foi assim que nasceu a ideia de criar a Associação Comercial do Jardim Teresópolis, a Ascote. Esse foi o grande elo entre a minha empresa e o Árvore da Vida. O programa nos deu o embasamento para fundarmos a associação com o objetivo de oferecer, em parceria, novos cursos e tomar iniciativas de fomento do comércio da região, como promoções conjuntas. Sem o Árvore da Vida nós não teríamos chance nenhuma de criar a Ascote. O programa nos ofereceu espaço físico, cursos e até hoje é assim."

EMPREENDEDOR SOCIAL

Essa valorização do coletivo por meio da Ascote, da qual Gilmar é vice-presidente, atraiu o empresário para a participação cidadã no Jardim Teresópolis. Ele diz que passou a refletir sobre os problemas mais gerais da comunidade e a perceber que os empresários tinham de dar uma contribuição para a melhoria do ambiente do bairro. Essa atitude casa perfeitamente com a proposta que tínhamos logo no início do Árvore da Vida. Pensei que seria uma grande vitória do programa convencer os empresários locais de que quanto mais trabalho, mais educação e menos violência, as pessoas gastariam mais no comércio local. Para isso, o empreendedor precisa se tornar protagonista na gestão do bairro. É o que Gilmar prega hoje:

"Hoje nós temos, também no Árvore da Vida, a Rede de Desenvolvimento Social do Teresópolis. São grupos de trabalho sobre educação com diretores de escolas e pessoas da comunidade – um que cuida do bem-estar social, outro da segurança pública, outro da saúde – e que interagem para melhorar a condição da população. Eu participo do grupo que discute a geração de trabalho e renda. Nós trocamos ideias, fazemos projetos para exigir melhorias do poder público. É como se fôssemos um governo paralelo para fazer reivindicações.

"Hoje os comerciantes e demais segmentos do Jardim Teresópolis conhecem a comunidade e prezam por ela. Os

outros comerciantes olham e dizem: 'O Gilmar está partici-
pando, deve ter alguma coisa boa!'. Isso porque todos sabem
que eu procuro não entrar em furada. Aí, muitos começaram a
participar também. Além disso, a idade vai chegando e a gente
sente a necessidade de oferecer algo. Eu dependo do comércio
local, tenho que ter meu lucro para manter meus funcionários,
mas isso não basta."

O convívio social na Ascote serviu também para arrefecer
a desconfiança de Gilmar em relação aos "professores" de comércio. Ele se rendeu à inovação. Não lhe bastava mais confiar
na longa experiência "atrás do balcão". É claro que ficou um
pouco assustado quando uma consultora do Sebrae entrou na
loja e, sem mais delongas, criticou as vitrines de vidro tempe-
rado que tinham lhe custado um bom dinheiro 6 anos antes
e das quais se orgulhava. Ela explicou ao empresário que o
cliente de hoje gosta de pegar o tênis, dar uma puxadinha pra
cá, outra pra lá e sentir a textura do revestimento antes de pedir
para experimentar. "Dentro de uma vitrine fechada, ele não
vai se entusiasmar com o produto", decretou. Gilmar coçou a
cabeça, franziu a testa, mas concordou. A mesma consultoria,
contratada pela Ascote com a intermediação do Árvore da
Vida, está repaginando uma ótica, um salão de beleza, uma
farmácia e uma loja de roupas.

CAPÍTULO 8
PENSANDO EM REDE

Uma das estratégias do Árvore da Vida é a estreita parceria estabelecida com todos os setores da comunidade. A ideia sempre foi não fixar a Fiat como única responsável pelas ações, mas como uma grande articuladora de atores e instituições locais e externos. Ou seja, apesar de ainda ser a âncora, inclusive financeira, a Fiat vai transferindo o protagonismo, gradativamente, para outros atores importantes.

Essa capacidade de articular não vem só do peso da Fiat como empresa pujante e respeitada, mas do caráter apartidário, leve e desprendido da nossa inserção no Jardim Teresópolis. Não mudamos, por exemplo, a forma de atuar, quando ocorreu, mais de uma vez, por sinal, alternância no comando da Prefeitura de Betim. Pelo contrário, sempre buscamos e acolhemos interlocutores e parceiros, não em função da posição política que representam, mas sim com base na contribuição que podem dar para a comunidade. Foi igualmente importante para conquistar credibilidade assumir compromissos e estarmos presentes pessoalmente na comunidade, minha equipe e eu.

São esses fatores que nos deram condição de convencer a comunidade de que o trabalho em rede é essencial para a autossustentabilidade de qualquer projeto comunitário. Ao fim desses primeiros 10 anos, a população do Jardim Teresópolis pode considerar o Árvore da Vida um patrimônio dela, que não é de A nem de B, muito menos da Fiat. Levou alguns anos para que se adotasse oficialmente o nome de Rede de Desenvolvimento Social do Jardim Teresópolis.

CURSOS

Martionei Gomes, atual diretor de projetos da CDM, foi "o cara" da linha de frente desse processo. Graduado em Administração e em Geografia e mestrando em Administração, ele foi responsável pelo georreferenciamento dos indicadores sociais do Jardim Teresópolis de 2003 a 2006 quando, então, assumiu a gerência de atuação da CDM no programa. Ele conta que o espírito de estimular as instituições presentes na comunidade a trabalhar de forma integrada e colaborativa foi sendo fortalecido aos poucos, a partir dos cursos para gestores oferecidos pelo Árvore da Vida.

"As minhas primeiras visitas ao Jardim Teresópolis coincidiram com a realização do módulo de elaboração de projetos de um curso oferecido para dirigentes de diversas instituições presentes na comunidade. O objetivo final era melhorar o atendimento ao público. Na época conheci o Toninho, da creche Tia Dulce, e a Ordália, da creche Maria Estela Barcelos. Fiquei encantado, porque essas e outras pessoas estavam interessadas em trabalhar em conjunto e em construir algo diferente. Até então, os gestores não tinham condição, tempo ou espaço para trabalhar coletivamente. O Árvore da Vida trouxe essa proposta aos dirigentes de creches, centros educativos, postos de saúde, maternidades e tantas outras instituições.

"Os cursos tinham começado no segundo ano do programa, que já nasceu com um eixo de atuação no fortalecimento da comunidade. Em 2005, trabalhou-se a gestão da rotina das

Da esquerda para a direita: Érlia Benevides, socióloga da CDM; Maria do Carmo Lara, então prefeita de Betim; e Ana Luiza Veloso, da Fiat, no lançamento da Rede de Desenvolvimento Social do Jardim Teresópolis. Betim, MG. Setembro, 2009.

instituições presentes no território; em 2006, a elaboração de projetos; entre 2007 e 2008, a captação de recursos. Ao longo dos anos intensificou-se a sinergia do grupo e as instituições decidiram dar corpo à ideia do trabalho integrado. Além dos cursos, queriam algo perene, com encontros regulares, focado em objetivos e com uma agenda definida. Assim, em 2009, formalizou-se a Rede de Desenvolvimento Social do Jardim Teresópolis.

"A articulação em rede faz toda a diferença porque é difícil para um programa como o Árvore da Vida dar partida em um leque de iniciativas que não dependem só dele. Hoje, a Rede já funciona com certa autonomia em relação ao programa. E isso ocorre de forma organizada, com um planejamento bienal, levando em conta as mudanças observadas no ambiente social durante a execução das metas e traçando cenários para o biênio seguinte. Com base na minha experiência com outros projetos de responsabilidade social da CDM, arrisco dizer que há muita coisa inédita na Rede de Desenvolvimento Social do Jardim Teresópolis."

A REDE NA PRÁTICA

Divido com o Martionei a opinião de que um dos segredos do sucesso da Rede foi procurarmos sempre resultados práticos, ainda que fosse com ferramentas simples. Um exemplo é o Guia de Instituições, publicação anual que apresenta as instituições atuantes na região a partir de fotos, descrição dos serviços oferecidos, horário de atendimento e formas de acesso e contato.

Outro documento importante construído pelo grupo foi uma matriz de demandas e responsabilidades, que levantou os principais problemas da região, e apontou caminhos para a solução de cada uma das questões.

Com base nesse documento a Rede foi se debruçando sobre algumas prioridades, uma delas o ordenamento do trânsito no bairro. Atualmente secretário da Gerência Regional da Prefeitura no Jardim Teresópolis, Gilton Carneiro participou ativamente dessa iniciativa. Ele é uma espécie de multimilitante social do bairro, com trabalho voluntário em campanhas de alfabetização, direitos humanos, cultura e luta contra a carestia desde a década de 1980.

"Olha, nós convivíamos havia muito tempo com o caos no trânsito nas principais ruas comerciais do bairro, mas como isso era de responsabilidade da Prefeitura, ficávamos simplesmente esperando, por anos a fio, que ela resolvesse o problema. Na Rede, conseguimos mudar essa postura. Chegamos à conclusão de que deveríamos não só cobrar da Prefeitura, mas também propor soluções que fossem mais convenientes para a comunidade e acompanhar de perto a

Grupo de trabalho da Rede de Desenvolvimento Social do Jardim Teresópolis: representantes de empresas e instituições locais elaboram matriz de problemas e responsabilidades. Betim, MG. Dezembro, 2012.

execução. A sinalização da avenida Belo Horizonte e da rua Duque de Caxias aconteceu a partir de uma reunião da Rede em que decidimos convidar a Transbetim (a empresa pública municipal para a área de transporte) para uma visita ao bairro. Criou-se uma comissão na Rede para acompanhar o trabalho de sinalização, junto aos técnicos da Transbetim, indicando onde deveria ter placas de carga e descarga, de estacionamento proibido, de lombada, de faixa de pedestre, etc. Participaram várias instituições, como a Gerência Regional, o Grupo de Educação e Cultura Para Homossexuais de Betim (Gehbet), os Vicentinos, a Igreja Católica, as creches e o Asilo Antônio Pereira Gonçalves.

"A minha participação no Árvore da Vida começou em 2006, justamente quando se começou a pensar numa atuação em rede. No curso de gestores, passei a conviver com pessoas de várias instituições, tanto do setor público como da sociedade civil. A gente se conhecia, muitos eram moradores antigos do bairro, mas as instituições não dialogavam. Havia, no máximo, uma conexão pontual entre o setor de saúde e a segurança pública, quando alguém, vítima de violência, era encontrado pela polícia e precisava de atendimento na unidade de emergência, ou quando algum criminoso invadia a unidade de saúde para atacar um inimigo que estava recebendo cuidado médico. Portanto, a mudança que a Rede propunha era algo muito distante da nossa cultura no bairro. Parecia impossível, mas quando as coisas começaram a acontecer e a dar certo, a cabeça das pessoas mudou.

"Criamos, por exemplo, a Festa da Criança em Rede. Antes, cada instituição fazia uma comemoração separada, com poucos recursos e poucos participantes. Fazendo junto, virou uma grande festa, não só para as crianças, mas um evento de cidadania com serviços de emissão de documentos e corte de cabelo gratuito, por exemplo. Tornou-se uma ocasião especial para as instituições ficarem mais conhecidas e ganharem respeito da população."

FAZER O BEM

Os bons frutos dessas iniciativas citadas pelo Gilton contribuíram para fortalecer a institucionalidade da Rede de Desenvolvimento Social do Jardim Teresópolis. Atualmente, a organização se divide em grupos de trabalho temáticos, que se reúnem separadamente uma vez por mês para construir, cada um, a sua pauta de demandas e propostas. Esse debate deságua na reunião, também mensal, do Fórum de Instituições da Rede. Atual coordenador do Centro Popular de Cultura (CPC) Frei Estanislau, o produtor cultural Jaime Thalles diz que o mecanismo de funcionamento dos grupos produz um tráfego de mão dupla entre a comunidade e as instituições:

"No Frei temos cursos de arte, de qualificação profissional e atividades de lazer para todas as idades, tudo gratuito. Por estarmos na Rede de Desenvolvimento Social do Jardim Teresópolis, conseguimos resolver problemas graves. Por exemplo, tínhamos 40 arrombamentos por ano. Como podíamos manter aparelhos de som, de vídeo ou computadores? Então nós levamos o problema para as reuniões da Rede. As instituições levaram o assunto para as reuniões internas, para as escolas e para as igrejas para dizer às pessoas da comunidade que alguns estavam roubando e destruindo um patrimônio que era da própria comunidade. O problema acabou. Estamos há mais de um ano sem arrombamento, porque as próprias pessoas vigiam para que isso não aconteça. Hoje, o CPC funciona até as 22h, algo inimaginável antes, quando se pensava que não havia segurança no bairro. Além disso, tenho de dizer que quase tudo que implantei na coordenação do CPC aprendi no curso de gestores da Rede: usar bem o que já temos, ouvir as pessoas, traçar metas, planejar, buscar voluntários e doações de empresas do bairro. Quando precisamos, solicitamos a um depósito a doação de tintas ou a ação voluntária dos moradores para ajudar a pregar uma estante, carregar uma mesa. Nas reuniões da Rede é comum termos 40 gestores presentes. É muito bom ver que você não está sozinho."

As experiências relatadas pelo Gilton e pelo Jaime Thalles me fazem pensar que a Rede capturou o conceito de bem comum. Ou melhor, de bem-estar social, do ponto de vista da ação da comunidade e não de uma política pronta de um governo. Essa ideia está no nome do evento mais amplo que a Rede realiza no Jardim Teresópolis: a Semana do Bem. Nesse período, geralmente no segundo semestre, cada instituição se esforça para oferecer algo mais do que faz rotineiramente. São mutirões de serviços públicos, apresentações artísticas, oficinas de lazer para todas as idades. No fim de semana, as instituições promovem, em conjunto, uma caminhada pela paz nas ruas do bairro. Em 2014, o CPC Frei Estanislau promoveu uma aula comunitária de zumba – um tipo de dança – com 300 pessoas inscritas, sendo muitas da terceira idade. Também levou alunas de balé para uma apresentação na Unidade de Atendimento Imediato (UAI) do Jardim Teresópolis, onde dezenas de pessoas aguardavam atendimento médico. A proposta foi doar a beleza e a vivacidade daquelas crianças para minimizar as dores e a tensão dos doentes. Traduzindo: fazer o bem!

Caminhada pela paz: uma das atividades de engajamento e mobilização da Rede de Desenvolvimento Social do Jardim Teresópolis. Betim, MG.

PERSONAGENS DESSA HISTÓRIA DE TRANSFORMAÇÃO

Bruno Messias ingressou no Árvore da Vida aos 14 anos. Participou de oficinas de cinema, animação e música. Hoje é músico profissional e professor. Mora em Itabira (MG) e viaja o mundo para se apresentar com seu grupo de percussão.

Paulo Eloísio foi aluno da turma de capacitação profissional em 2006. Depois de certificar-se em Eletromecânica, trabalhou em concessionárias da Fiat, e há seis anos atua na área de Engenharia de Experimentação da fábrica.

Iracema Pereira da Costa Salgado, uma das primeiras mulheres a integrar a Cooperárvore e hoje sua presidente, inspira muitos moradores do bairro a seguir o seu caminho e acreditar na ação cooperativa para gerar trabalho e renda.

Lucas Souza começou no Árvore da Vida nas oficinas de música e logo despontou como um dos destaques do grupo. Há três anos trabalha como monitor de novos alunos.

Comerciante do Jardim Teresópolis, Regiane Verônica Gomes participou de várias atividades de capacitação de empreendedores. Foi a primeira empreendedora individual a regularizar um negócio informal no município de Betim e, por isso, recebeu o prêmio Empresária do Ano 2010, reconhecimento da Associação Comercial, Industrial e Agropecuária e de Serviços de Betim (ACIABE).

Eden de Oliveira, conhecido pelo nome artístico "Sabão", é um dos responsáveis por traduzir nos muros do Jardim Teresópolis, pela técnica do grafite, elementos da cultura brasileira.

O grande envolvimento nas atividades de grafite do Árvore da Vida transformou o gosto pelo desenho em ofício. Hoje, Débora Claudina faz retratos por encomenda, utilizando a técnica desenvolvida nas aulas de Desenho Artístico e de História da Arte.

Moradores do Jardim Teresópolis, Benedito Rocha Martins e sua esposa, Dona Enedina, são apoiadores do programa desde sua implantação. Aos 74 anos, Seu Bené, como é mais conhecido, é importante liderança comunitária e acompanha de perto todas as atividades do programa como membro do Grupo de Referência do Árvore da Vida.

Sabrina Guimarães foi aluna das atividades de canto do Árvore da Vida e, em 2009, teve a oportunidade de participar com o grupo da gravação do CD e DVD *A Zeropeia*, uma experiência inesquecível para alunos, artistas convidados e todos que têm a oportunidade de conhecer essa obra, originada do texto de Herbert de Souza.

Aluno das aulas de canto, Álex Dalton Dias teve a oportunidade de, junto a outros colegas, subir ao palco com o tenor italiano Andrea Bocelli em uma participação especial na música "Con te partirò", na comemoração dos 35 anos da Fiat no Brasil. Atualmente participa do coral da Fundação Artístico-Cultural de Betim (Funarbe) e sonha em ser cantor profissional.

CAPÍTULO 9
A TRANSFORMAÇÃO PELA ARTE

Os preparativos para a comemoração de um aniversário dizem muito sobre as nossas relações pessoais e sobre o momento pelo qual estamos passando na vida. Isso determina, em boa medida, quem e quantas pessoas convidar, como vamos arrumar a casa, o que vamos servir, se vamos pôr música para tocar... Com alguma licença poética, podemos transpor essas definições para uma corporação. Em 2011, quando a Fiat completou 35 anos no Brasil, propus trazermos o tenor Andrea Bocelli para uma exibição gratuita em uma praça pública de Belo Horizonte. A vinda desse grande astro internacional simbolizava a cultura italiana que a Fiat trouxe para o Brasil e um presente para a população do estado onde a empresa se instalou e obteve a liderança no mercado nacional. Um espetáculo de canto lírico também nos dava a oportunidade de valorizar aos olhos de um grande público o trabalho de arte-educação que vínhamos fazendo desde 2004 com adolescentes do Jardim Teresópolis. Estaríamos valorizando igualmente os meninos e meninas do Coral Árvore da Vida, dando-lhes a oportunidade de participar de uma superprodução, de um evento complexo e grandioso, e de receber os aplausos de milhares de pessoas em praça pública.

Alguns anos antes, eu havia visto um DVD do Luciano Pavarotti, um dos mais célebres cantores líricos do mundo contemporâneo, falecido em 2007. O que mais me emocionou no concerto realizado a céu aberto, em Roma, foi a participação de um coral de meninos órfãos do Tibete. Quando entraram no Coral Árvore da Vida, os meninos e meninas do Jardim Teresópolis, mesmo os que tinham pais e mães em casa, eram órfãos de várias coisas: de bons serviços públicos, de acesso a bens culturais, de uma renda familiar adequada, de oportunidades de trabalho digno e de educação de qualidade.

Logo nas primeiras tratativas com a equipe de produção do Andrea Bocelli, propus que colocássemos no contrato a participação do Coral Árvore da Vida. Escrevi um texto para eles, destacando a importância do evento para a Fiat e o quanto nós da empresa nos sentíamos felizes em saber da disponibilidade de ele vir ao Brasil participar daquela celebração. Disse que a Fiat tinha outro orgulho além da liderança de mercado no país: um projeto de responsabilidade social com crianças e adolescentes que usava a música e o canto, sobretudo como ferramenta de arte-educação. Um projeto que ajudava a transformar vidas de centenas de crianças de uma comunidade extremamente violenta e vulnerável. Concluí ressaltando que seria muito importante ter a presença dessas crianças na comemoração, já que elas faziam parte da história da Fiat e eram, para muitos, uma face desconhecida da empresa. De uma forma sutil, os fiz entender que não fecharia o contrato sem a garantia da participação do Coral Árvore da Vida.

Preocupada com a qualidade do espetáculo, a equipe do Andrea Bocelli pediu material sobre o coral. Enviamos um CD e um DVD que o coral tinha gravado algum tempo antes. Quando responderam que o Bocelli havia concordado, foi uma felicidade muito grande. O coral começou a ensaiar, primeiramente no espaço do Árvore da Vida e depois com a Orquestra Sinfônica de Minas Gerais, em Belo Horizonte. No dia da apresentação, ensaiaram com o próprio tenor. Foi um sonho para aqueles 40 meninos e meninas selecionados para o espetáculo. Participaram, inclusive, da entrevista coletiva que o artista concedeu para a imprensa.

Então, pude ver ao vivo, na Praça da Estação, aquilo que tinha me inspirado no DVD do Pavarotti. Ali estava Andrea Bocelli cantando "Con te partirò", num espetacular dueto com a soprano cubana Maria Aleida e os meninos do Coral Árvore da Vida, muito bem treinados pelo professor Rodrigo Firpi. Acompanhado pela Orquestra Sinfônica de Minas Gerais, regida pelo maestro americano Eugene Kohn, Bocelli ouviu uma multidão de 81 mil pessoas aplaudir efusivamente a exibição. Muitos choraram desde o início. Famílias inteiras do Jardim Teresópolis, que vieram em ônibus fretados, aplaudiram e se emocionaram com seus filhos. E tudo isso sob as bênçãos de uma lua cheia que interrompeu, naquela noite, o novembro chuvoso de Belo Horizonte.

Jovens do Árvore da Vida cantam com Andrea Bocelli no evento de comemoração dos 35 anos da Fiat no Brasil. Belo Horizonte, MG. Novembro de 2011.

A ARTE COMO EXEMPLO

Minha emoção foi além do espetáculo. Aquele momento me trouxe a certeza de que a experiência de cantar com Andrea Bocelli mudou a trajetória de vida daqueles meninos e meninas. Não pelo sucesso em si, mas pelo registro que ficou na cabeça e no coração deles, celebrados por um mar de gente.

Um desses meninos, João Paulo Carneiro, na época com 12 anos, abriu a garganta e deu tudo durante a apresentação. Mas o que mais o impressionou foi uma passagem da biografia de Andrea Bocelli. Na infância, o italiano teve um glaucoma diagnosticado. Apesar disso, continuou a acalentar o sonho de ser um jogador de futebol famoso. Mas uma bolada no rosto, durante um jogo recreativo, decretou o fim da esperança do menino de Pisa, justamente aos 12 anos. E aí entrou a música. Bocelli enfrentou a cegueira aprendendo piano e canto lírico para mais tarde se transformar numa celebridade internacional. Aos 16 anos, João Paulo está no segundo ano do Ensino Médio e é aprendiz numa revendedora de tratores e máquinas. Ele também recebera muitas boladas na cara durante a sua pobre infância em Betim. Hoje não alimenta mais o desejo de ser cantor profissional. Sonha agora em ter filhos e cantar Bocelli para eles, como naquele que foi o dia mais especial de sua vida.

Já outro menino, o Alex Dalton Dias, agora com 16 anos, não tira da cabeça a carreira de cantor que pretende construir. Ele hoje concilia o segundo ano do ensino médio com o aprendizado profissional na empresa de logística Tegma. Está estudando inglês e sua relação com o canto se mantém no coral da Fundação Artístico-Cultural de Betim. Mas Alex quer mais. Planeja se dedicar à música para se tornar um cantor profissional. O sonho dourado do filho do mecânico Almerindo, do

Álex Dalton Dias, um dos meninos que cantaram com o tenor Andrea Bocelli.

Jardim Teresópolis, é reencontrar o tenor italiano e contar para ele como aquele 6 de novembro mudou sua vida para sempre.

"Queria muito dizer ao Andrea Bocelli como foi importante aquele momento. Quando avisaram que estava na hora de subir no palco, o professor Rodrigo deu uma passada rápida na música e pediu para gente sorrir, para não passar imagem de marrento. Eu estava muito nervoso e aconteceu uma coisa que me deixou ainda mais tenso: a minha calça estava um pouco folgada e percebi que tinha esquecido o cinto no ônibus. Fiquei morrendo de medo de a calça cair no meio da apresentação! Mas graças a Deus não caiu. Na hora que olhei para aquele tanto de gente gritando para o coral e a imagem da gente no telão, foi uma loucura.

"Foi uma sensação de orgulho e alegria ao mesmo tempo. A Sandy ia fazer uma participação no show e o pai dela (o cantor Xororó, da dupla Chitãozinho e Xororó) foi ver. Na saída do palco, dei de cara com ele batendo palma pra gente! Aí o pessoal do coral todo começou a chorar e a gritar: 'Que Glória! Deu tudo certo!'. Aí, fiquei sabendo que minha família não foi e chorei de novo, mas tudo bem, eu entendi. Queria muito que eles tivessem visto. Tenho um irmão, o Paulo, que é especial, tem síndrome de Down. Minha mãe ficou na dúvida se o levava, porque ficou com medo da reação dele se o lugar ficasse muito cheio e tivesse tumulto. Na última hora, acabaram ficando em casa. Como eu estava concentrado com o coral desde o meio-dia, não fiquei sabendo da ausência da minha família."

O NASCIMENTO DO CORAL

A confiança que tive de sugerir a participação do Coral Árvore da Vida no espetáculo de Andrea Bocelli não foi uma simples aposta na dedicação de meninos como o Alex. Como todas as ações que desenvolvemos no Jardim Teresópolis, a oficina de canto e, consequentemente, o coral nasceram com a premissa da excelência. Não seria porque a gente estava entrando numa comunidade que não tinha nada, como disse uma vez o Seu Bené – um dos nossos principais interlocutores no bairro –, que iríamos fazer um projeto de baixa qualidade.

O coral nasceu de um compromisso meu com o presidente da Fiat, Cledorvino Belini, assim que ele assumiu a presidência da empresa no início de 2004. Apaixonado por música, Belini nunca se conformou com o fim do coral dos funcionários que ele ajudou a montar no início da década de 1990, quando foi diretor de compras da companhia. Prometi a ele um coral lírico "tão bom quanto o seu", mas desta vez formado por crianças e adolescentes da oficina de canto e percussão do programa Árvore da Vida.

VOCAÇÃO PARA ENSINAR

A excelência e a técnica daqueles meninos e meninas foram uma conquista do então professor de canto e regente Rodrigo

O professor Rodrigo Firpi e alunos da oficina de canto e coral. Belo Horizonte, MG.

Firpi. Ele reúne um currículo sólido, talento artístico e vocação para ensinar. Atualmente com 37 anos, Rodrigo começou a estudar canto aos 8 anos com o avô Nelson, que era maestro. Aos 15, passou a ter aulas de piano com Maria Lúcia Gregori como preparação para o curso de formação musical da UFMG. Concluído o curso, Firpi redescobriu o canto e fez aulas com grandes músicos, como Sergio Magnani e Oiliam Lanna. Optou pela graduação em música na Universidade Estadual de Minas Gerais (UEMG), onde estava a grande referência do ensino de canto lírico, o professor Amin Feres. Já consciente da vocação para dar aulas, preferiu a licenciatura em música ao bacharelado. Sopranista, cantou em várias montagens de óperas do Palácio das Artes. Como autor, compôs e encenou peças para o grupo de teatro londrino Zikzira. Dá aulas desde 1997 na Fundação Artístico-Cultural de Betim (Funarbe), onde prepara jovens para a Escola de Música da UFMG. Ele mesmo se surpreendeu com a ousadia da proposta do Árvore da Vida para a oficina de canto:

"No meu primeiro dia de trabalho, perguntei para a minha coordenadora, que na época era a Cida: 'Será que vocês realmente precisam de um especialista em música? Será que não é o contrário, um assistente social que entenda um pouquinho de música?'. Isso porque em outras instituições, os alunos são selecionados pela aptidão. Já no Árvore da Vida, a proposta é incluir, ensinar música mesmo para os meninos que não tem nenhum pendor para o canto. Aqueles que se destacam vão para o grupo de apresentação, o coral propriamente dito. Então, a Cida me respondeu: 'Não, nós queremos um especialista, porque a gente quer apostar nesse tipo de formação, proporcionar o que há de melhor, com uma pessoa que sabe o que está fazendo'.

"Era uma realidade musical muito diferente da minha e encontrei uma resistência grande por parte dos educandos. Eles têm uma cultura de funk e dos ritmos e estilos musicais típicos de comunidades carentes. O próprio fato de eles ouvirem algo diferente do padrão faz com que eles se sintam marginalizados. É uma ruptura cultural. Eu não digo que é ruim a música que eles se acostumaram a ouvir, eu apenas apresento o novo. Primeiro, sentem muita vergonha. A música que chega às pessoas hoje quase não é mais cantada, é falada. Então, quando o educando começa a interpretar uma melodia mais elaborada, a primeira coisa que ele pensa é que está cantando desafinado. É uma questão estética. Eles não sabem que cantar assim também é belo. Então há essa primeira barreira cultural que eles têm de transpor. E eu não falo só de música erudita, mas também de música popular. As composições do Milton Nascimento, por exemplo, são músicas com uma extensão muito grande, difíceis de cantar.

"Mas o meu grande desafio no Árvore ainda estava por vir: as apresentações. Eu sempre cobrei muito qualidade artística na minha carreira. Acho que a gente tem de olhar para o lado da verdade da obra de arte. A verdade é aquilo que convence. É claro que não vou compará-los tecnicamente com pessoas que fazem graduação, que querem ser artistas. Mas se no futuro, sendo advogados, médicos, trabalhando na indústria, eles continuarem com essa vontade artística que realmente os compraz, acho que já valeu. Como o Keith Swanwick, músico e educador inglês, disse, eles podem não ser músicos, mas podem ser bons ouvintes. E podem levar a música para a vida deles, mas a música tratada de uma forma séria."

UMA CELEBRAÇÃO MARCANTE

Essa seriedade que o Rodrigo adotou na condução do coral e o encantamento dos alunos com a música produziram resultados surpreendentemente rápidos. A despeito de ter começado no quarto ano de existência do Árvore da Vida, a oficina de canto se alinhou com a evolução de outras ações do programa, como as oficinas de percussão – nossa empreitada pioneira na área de arte-educação e de dança. E quando chegamos aos 5 anos, em 2009, eu estava muito satisfeito. Disse para minha equipe: agora sim, já temos motivos para celebrar.

Propositalmente, adotei, nos primeiros tempos do programa, um certo comedimento na divulgação, uma atitude *low profile* de fazer primeiro para mostrar depois. O desempenho dos alunos de música, dança e percussão, no entanto, tinha tudo para simbolizar os nossos avanços que ocorriam em várias áreas, como na cooperativa, nas oficinas de esporte, na integração da comunidade por meio da Rede de Desenvolvimento Social do Jardim Teresópolis, etc. Então resolvi fazer um espetáculo com os meninos. Uma das profissionais da minha equipe, a Elisa Leite, trouxe a proposta de convidar o artista e produtor Flávio Henrique para montar um musical que juntasse o coral, a percussão e agregasse a dança. O Flávio já tinha feito um trabalho conosco em 2008, quando montou um espetáculo com os meninos com base num disco dele, o *Presépio Cantado*.

Na comemoração dos 5 anos do programa, nós queríamos fazer um espetáculo mais complexo e que gerasse uma memória marcante do Árvore da Vida. O Flávio trouxe a proposta de montar *A Zeropeia*, obra do sociólogo Herbert de Souza, o Betinho, para um público infantil mas com alcance intergeracional, uma vez que valorizava a personalidade com respeito à diversidade no meio social. Em 2004, a convite da cantora Regina Souza, sobrinha do Betinho, o Flávio havia assinado a produção musical do CD *A Zeropeia* para a campanha Natal sem Fome, idealizada pelo Betinho, que faleceu em 1997. O CD tem canções do Flávio e dos compositores Chico Amaral, Vander Lee, Affonsinho e John Ulhoa, da banda Pato Fu. Achei muito apropriada a proposta, até pelo exemplo do Betinho, um militante histórico pela inclusão social no Brasil. E assim montamos um espetáculo emocionante, o *Árvore da Vida apresenta A Zeropeia*.

Como pretendíamos não só comunicar, mas também produzir um documento de memória do Árvore da Vida, gravamos em estúdio o áudio e o vídeo e distribuímos 5 mil cópias do CD e do DVD. Conseguimos também que a Rede Minas, TV educativa com audiência em todo o estado, exibisse o espetáculo em horário nobre num fim de semana. A repercussão foi muito positiva. O Flávio Henrique integrou de forma harmoniosa os meninos e a coreografia da Dedete Mariano, que era professora de dança do Árvore da Vida, com os cantores Kadu Vianna, Mariana Nunes e Lucas Avelar. Flávio fala com entusiasmo sobre esse momento:

"Acho que a gravação do DVD foi o ápice do trabalho. A gente pegou um estúdio profissional, com um aparato técnico muito bacana e uma área imensa de gravação com mais de

150 m² e um pé direito muito alto. O cenário consumiu três dias de produção, e a criação do figurino pelo Alex Dário foi muito cuidadosa.

"O poder coletivo e a emoção de trabalhar em equipe superam com tranquilidade uma ou outra deficiência técnica. Fizemos várias apresentações, e eu só consigo me lembrar de coisas boas. No palco transcorria tudo perfeitamente, e o espetáculo era sempre muito bem aceito pelo público. E era uma grande festa depois, no camarim."

A FORMAÇÃO DE PERSONALIDADES

O *Árvore da Vida apresenta A Zeropeia* nos deu o prêmio Aberje (Associação Brasileira de Jornalismo Empresarial) em 2010, na categoria Comunicação e Relacionamento com a Comunidade. Contudo, o mais significativo para nós foi o momento de transformação que proporcionamos a esses meninos, como testemunha Sabrina Guimarães Faria, hoje com 19 anos. Ela é estagiária no setor administrativo da Refinaria Gabriel Passos (Regap) da Petrobras; está perto de concluir o curso técnico em administração e planeja graduar-se em Ciências Econômicas. Nada relacionado à sensação, que, anos atrás, mexeu com a cabeça daquela turminha, quando subiu ao palco e gravou para a televisão. Naquele momento, aos 14 anos, a filha do motorista Geraldo Magela e da dona de casa Maria de Lourdes sonhou em ser artista. Hoje, ela olha para trás e diz que a principal consequência de viver *A Zeropeia* foi justamente ficar "todo mundo bem com as ideias e as patinhas que tem", como na música "Todo mundo bem", de Wander Lee, adaptada do texto do Betinho. Ou seja, acreditar em si mesma e construir um projeto autônomo e prazeroso de vida. Em companhia da educação musical adquirida no Árvore da

Gravação do DVD *A Zeropeia*: jovens do Árvore da Vida e músicos convidados. Belo Horizonte, MG. Agosto de 2009.

Vida e da lembrança indelével de cantar, e bem, ao lado de amigos que ela conserva até hoje, Sabrina recorda:

"Eu lembro que o Rodrigo gostava muito de fazer uma rodinha, pra todo mundo conversar. Foi assim que ele contou que a gente ia fazer um espetáculo, que haveria muito ensaio, porque o nível tinha de ser alto, íamos gravar um CD e um DVD. Deu aquele brilho no olho da gente, criou uma expectativa muito grande de gravar em estúdio. E realmente ensaiamos muito. Brincava com o Rodrigo que ia levar meu guarda-roupa para o Árvore porque não saía de lá. Uma vez por mês os artistas iam lá ensaiar com a gente. Era muito diferente cantar com cantores que já tinham uma história.

Primeiro a gente gravou o áudio, depois foi o DVD, dois dias seguidos; era maquiagem, era roupa, tinha que repetir as cenas. Cansativo, mas muito bom. E nós que participamos do *A Zeropeia* continuamos a nos encontrar depois que saímos do

Árvore. É uma amizade muito forte, diferente da escola, cada um estava ali porque gostava, não por obrigação. E a gente não aprendeu simplesmente a cantar, mas a cantar bem. E ficou esse gosto muito grande pela música. De vez em quando, vamos juntos ver orquestras e corais. E a gente sabe quando uma música está sendo bem cantada, quando um músico está ou não tocando com qualidade um instrumento."

A MÚSICA VALORIZA O COLETIVO

Esse fortalecimento de vínculos sociais positivos por meio da arte estava na nossa cabeça quando começamos o Árvore da Vida. Nossa proposta não era cultivar solistas, mas a música feita de forma coletiva, em que cada um completa o outro de forma disciplinada para atingir a harmonia. A oficina de percussão que escolhemos para essa primeira fase seguia a trilha de vários projetos bem-sucedidos em comunidades carentes no Brasil. Como era uma iniciativa desbravadora do programa, não bastava um professor com boa técnica. Precisávamos de uma pessoa com experiência em lidar com adolescentes de perfil semelhante e com capacidade de gerar empatia.

Essa é a cara do Frederico Lazarini, o Fred, que está conosco até hoje. Ele tem 38 anos atualmente e é percussionista profissional. Paralelamente, desde os 20 anos, abraçou a educação musical, sobretudo em bairros pobres. Por isso mesmo, depois da formação em Percussão Popular na Fundação Educação Artística, de Belo Horizonte, decidiu graduar-se em Pedagogia. A escolha foi fortemente influenciada pela mãe, pedagoga pós-graduada e diretora de escolas públicas por mais de 20 anos.

À frente de mais de uma centena de jovens percussionistas em apresentação no Conjunto Jardim Felicidade, Fred chamou a atenção do pessoal da CDM que desenvolvia, na época, um

O professor Frederico Lazarini com um dos participantes das oficinas de percussão. Betim, MG.

projeto social nesse bairro da periferia norte de Belo Horizonte. Ele encarou o convite para trabalhar no Árvore da Vida como o desafio de, mais uma vez, começar um trabalho do zero:

"Comecei com aulas de confecção de instrumentos, depois introduzi a musicalização. Na época eram só instrumentos de percussão. Depois agreguei liras, xilofone. Inicialmente a gente só fazia ritmo, e hoje conseguimos construir temas. A coisa foi evoluindo. Na época, a gente não tinha uniforme, nada. Percebi uma carência muito grande daqueles meninos. Mas essa realidade difícil provocou um grande envolvimento dos meninos com a oficina e comigo. Nas aulas e nas apresentações, acabo por me emocionar e me envolver muito, até de modo pessoal com os alunos. Cito o Lucas [Almeida de Souza] e o Ystael [Mateus Rocha]. Eu frequento a casa deles, os pais são meus amigos, eles frequentam a minha casa também. Às vezes, eles estão com algum problema, me ligam e eu vou fazer uma visita, conversar. O Lucas e o Ystael começaram crianças comigo. Hoje são maiores de idade. Com o tempo, eu percebi que também tinham aptidão para ensinar".

FORMANDO NOVOS EDUCADORES

Provocados pela sugestão do Fred de aproveitar o potencial de alunos mais talentosos e dedicados da oficina, criamos vagas de monitores para auxiliar os professores de canto e percussão nas aulas, mas percebemos que poderíamos ir além com essa experiência. Remunerados pelo programa, os monitores Lucas Souza, Ystael Rocha e Bianca Esteves Aragão assumiram aulas de iniciação musical em escolas de educação infantil do Jardim Teresópolis. Atualmente duas instituições comunitárias estão sendo atendidas. Assim, estendemos o alcance do eixo socioeducativo do programa.

Lucas, Ystael e Bianca: de beneficiários a educadores. Betim, MG.

Esses meninos monitores multiplicam o que aprenderam e muitas dessas crianças das escolas infantis certamente serão, num futuro próximo, alunos das oficinas de canto e percussão do Árvore da Vida. É muito importante contribuir com o trabalho de outras instituições, como as escolas infantis e as creches. Mas é igualmente valioso tornar os beneficiários do programa responsáveis, na prática, pelo futuro da própria comunidade.

O hoje monitor Lucas cresceu numa família bem agregada e protetora. O pai, Cícero, montador metalúrgico, e a mãe, a dona de casa Vera, preocuparam-se desde cedo em afastar o filho dos perigos de um bairro com forte presença do tráfico de drogas e do seu rastro de violência. Sempre acompanharam de perto o desempenho do filho na escola e o envolveram na militância religiosa e na música. Nas missas, Cícero tocava violão e Vera cantava. Assim, Lucas, ainda criança, aprendeu a tocar.

Quando, aos 9 anos, o menino quis seguir os colegas de escola que estudavam percussão no Árvore, os pais resistiram.

Talvez pensassem que o filho não precisava de um programa que pretendia evitar que os meninos do Jardim Teresópolis fossem recrutados pelo tráfico. Mas Lucas insistiu e, 7 anos depois, virou professor. Está à frente de uma oficina de violão no programa. Continua tocando na igreja e apresenta-se profissionalmente com duas bandas, mas sua maior paixão é o Árvore da Vida:

"Quando chegou a idade de sair da oficina para a aprendizagem profissional, fiquei pensando naqueles anos que passei no Árvore. O projeto me ofereceu muitas oportunidades de conhecer lugares, como cidades históricas e museus, e de fazer viagens que eu não podia fazer com a minha família, até por não ter condições financeiras. Nós tocamos em São Paulo, no Rio de Janeiro... Se fosse para tocar num lugar assim sozinho, nem hoje eu conseguiria. Com 15 anos, surgiu a oportunidade de trabalhar no próprio Árvore. Queria continuar mexendo com música do lado das pessoas que ficaram minhas amigas aqui dentro. Faz 3 anos que estou aqui como monitor, trabalhando, dando a minha vida pela música. Ao mesmo tempo, começaram a surgir novos horizontes na música lá fora.

"O Árvore se encaixou feito uma luva no Jardim Teresópolis. Antes, a comunidade era mais violenta, tinha mais adolescentes envolvidos com o tráfico. Mesmo as pessoas que não tinham nada a ver com o crime corriam perigo. O projeto veio com esse intuito de tirar os adolescentes das ruas e dar a eles uma ocupação. E essa proposta de ocupação virou uma coisa muito importante para todos nós."

CAPÍTULO 10
O FUTURO JÁ COMEÇOU

A comunidade do Jardim Teresópolis, a Fiat e os parceiros do Árvore da Vida tinham motivos suficientes para comemorar os 10 anos do programa. A dúvida era apenas como seria a festa, qual a celebração ideal para marcar esse longo capítulo de sucesso de um movimento comunitário, com participação do terceiro setor, que foi decisivo para a transformação de muitas e muitas famílias. Nas reuniões no bairro, foi sugerido um show de um artista famoso ou uma grande festa para a comunidade. Ou, ainda, uma simples solenidade com discursos e homenagens.

Todo tipo de sugestão foi levado em consideração pela minha equipe, mas o que se buscava mesmo era um significado maior para marcar esse período tão rico para a comunidade e também para a Fiat. Particularmente, imaginei alguma manifestação que nos levasse para o futuro, que transmitisse a ideia de que o mais importante ao completar 10 anos era o fato de estar preparado para os próximos 10. Sem, contudo, menosprezar a história construída nesse tempo.

Finalmente prevaleceram a música e a arte cênica, duas das principais atividades desenvolvidas ininterruptamente pelo programa, pelas quais passaram mais de 2 mil crianças. Assim, adolescentes e jovens que hoje estão nessas oficinas representariam com grande legitimidade a história do Árvore da Vida. Convidamos para montar esse espetáculo o Grupo Ponto de Partida, que atua há mais de três décadas com musicais envolvendo histórias fantásticas ligadas à área social, ao desenvolvimento humano e à cultura brasileira. O grupo propôs construir um musical junto aos meninos do Árvore da Vida e não simplesmente – o que seria mais fácil – trazer um roteiro pronto para que eles interpretassem. Tudo isso com a qualidade que caracteriza o Grupo Ponto de Partida e as oficinas do Árvore da Vida. E o roteiro desse musical seria baseado na história contada nesse livro.

Os nossos meninos respiram essa atitude há bastante tempo e têm confiança, autoestima. Eles sobem no palco com emoção, mas sem medo, como fizeram na apresentação do tenor Andrea Bocelli, em 2011. O grupo atual de meninos cantores tem outro papel não menos importante: apresentar a história da sua comunidade num palco de teatro, para uma plateia de empresários, artistas, acadêmicos, jornalistas, políticos, gestores públicos e de gente da comunidade. Sem medo, com orgulho e arte. As experiências de se apresentar para o público sempre são marcantes na vida dos meninos, seja quando cantam nos eventos corporativos da Fiat ou de empresas parceiras, ou em praça pública com um tenor internacional, ou, ainda, num teatro com o Grupo Ponto de Partida para contar a história deles mesmos.

Fundado em 1980 na cidade de Barbacena, Minas Gerais, o Grupo Ponto de Partida foi, por muito tempo, a única companhia de teatro profissional do interior brasileiro. Liderado pela artista Regina Bertola, o grupo se destacou pela linguagem inovadora e construiu uma carreira internacional consistente. Com o tempo, foi diversificando suas atividades. Mantém, por exemplo, uma escola de música profissionalizante,

Jovens do Árvore da Vida, Marco Antônio Lage e artistas do Grupo Ponto de Partida no espetáculo *Do Outro Lado*. Belo Horizonte, MG. Março de 2015.

gratuita, a Universidade Bituca, cujo nome homenageia Milton Nascimento. Mas o que mais aproxima o grupo do Árvore da Vida é a formação técnica e a direção artística do Coral Meninos de Araçuaí. São 16 anos de trabalho com meninos e meninas de uma das regiões mais pobres do país, o Vale do Jequitinhonha. Graças ao Grupo Ponto de Partida, o Meninos de Araçuaí, criado pelo antropólogo Tião Rocha, do Centro Popular de Cultura e Desenvolvimento (CPCD), adquiriu muita qualidade e respeito na cena cultural brasileira, gravou CDs e foi aplaudido no exterior. Ao conhecer o Árvore da Vida, a diretora Regina Bertola constatou de imediato essa afinidade de significados com a companhia:

"Nós temos uma estrada nesse sentido de trabalhar com crianças, adolescentes e jovens com dificuldades sociais e emocionais. A gente explora aquela luz que existe em cada um, faz essa luz se multiplicar e torna luminoso o conjunto.

"Acho que o convite para montar esse espetáculo foi pela carreira do Ponto, pela coerência que ele tem. Temos um projeto de transformação integral em Barbacena, que é outra cidade depois do Ponto de Partida, e em Araçuaí, que também é outra depois do Meninos de Araçuaí.

"A gente trabalha com muita paixão. O mote ali era Árvore da Vida. Os atores pesquisaram os personagens, as cenas. O espetáculo nasceu assim, desse processo de buscar informação, especialmente a informação sensitiva, a emoção que você capta em tudo. Porque a gente tem que pôr a palavra de pé, os depoimentos têm que ganhar corpo, cheiro, som. Um musical com teatro tem que fazer a história ganhar vida."

A Regina me trouxe, então, o tom e a forma ideal para celebrar os 10 anos do Árvore da Vida e mostrar o seu significado para o público formador de opinião. Era a maneira mais leve que imaginava para o momento, apresentando essa história mais com o coração, com a emoção do que com qualquer outra coisa. As estatísticas, os resultados e os números do programa são importantes, mas o que mais vale é o quanto esse projeto foi importante para as pessoas que participaram dele. Importa mesmo é que vários seres humanos cresceram, romperam barreiras e construíram uma trajetória diferente a partir dessa experiência.

ÁRVORE DA VIDA 10+10

Esse espetáculo com o Grupo Ponto de Partida, com sua beleza e profissionalismo, atende ao objetivo de proporcionar uma experiência marcante para os meninos das oficinas e suas famílias e também de mostrar à sociedade o que vem sendo feito no Jardim Teresópolis nos últimos 10 anos. Na verdade, isso está inserido num movimento bem mais amplo,

Artistas do Grupo Ponto de Partida e jovens do Árvore da Vida no espetáculo *Do Outro Lado*. Belo Horizonte, MG. 2015.

que chamamos de Árvore da Vida 10+10. É um símbolo que a gente criou para falar sobre o futuro, não necessariamente sobre os próximos 10 anos.

Temos o propósito de celebrar o passado e contar o que foi essa primeira década. Falar dos resultados, de uma história de doação de pessoas, de envolvimento, de dedicação, de discussão sobre a periferia das grandes cidades, de desenvolvimento humano e de como a empresa se insere nesse contexto. Mas a prioridade agora é discutir e pensar o futuro.

O grande problema dos projetos sociais no Brasil, tanto os governamentais quanto os do setor privado, é a falta de continuidade. Estamos chamando a atenção não só dos profissionais das ONGs, da Fiat e das empresas parceiras, mas principalmente, dos moradores do Jardim Teresópolis, para a necessidade de discutir e planejar o futuro da comunidade, com um protagonismo ainda maior dos moradores.

Marco Antônio Lage ouve moradora do Jardim Teresópolis em evento sobre o futuro do programa Árvore da Vida e da comunidade do Jardim Teresópolis. Betim, MG. Maio de 2014.

Desde o início, a ideia do programa foi atribuir protagonismo à comunidade e isso está cada vez mais perto, pois os moradores do Jardim Teresópolis estão maduros. Nesses 10 anos de transformações, a comunidade deixou de ser subalterna, deixou de ser dependente das benesses do Estado e das empresas, e passou a construir uma nova realidade.

No primeiro semestre de 2014, num encontro no Espaço Árvore da Vida que abriu as comemorações dos 10 anos do programa, fiz uma provocação. Comecei a perguntar aos moradores presentes que mudanças deveriam ser feitas no Jardim Teresópolis, e muitos se levantaram e deram opinião. Isso não acontecia 10 anos atrás. Ninguém se levantava da cadeira, não se arriscava a apontar um caminho para o futuro.

Essa manifestação é um trunfo para a comunidade, demonstra que as pessoas estão preparadas para escrever sua própria história. O grande resultado que um programa social pode colher é justamente trazer as pessoas para a participação, porque senão estamos diante do velho paternalismo, da dependência, de uma gestão de fora para dentro.

FORÇAS DE MUDANÇA

Daquelas mãos levantadas e das falas em uma reunião festiva, partimos para um debate denso e organizado com os moradores do Jardim Teresópolis. Identificamos os problemas, o capital social de que dispúnhamos na comunidade, por meio de seus líderes e instituições, e traçamos cenários e prioridades.

Luciana Costa, atual coordenadora do Núcleo de Relações com a Comunidade da Diretoria de Comunicação Corporativa da Fiat, participou de todas as fases desse processo. Formada em Direito, com pós-graduações em Marketing, Gestão de Responsabilidade Social e em Comunicação Corporativa em instituições como a Università Cattolica del Sacro Cuore, em Milão, Luciana está na Fiat desde 2010. Ela conta como outros setores da empresa contribuíram e como o amadurecimento conquistado pela Rede de Desenvolvimento Social do Jardim Teresópolis foi fundamental nesse debate:

"Começamos por fazer uma reflexão de como poderíamos aplicar as competências da empresa na área de planejamento

Da esquerda para a direita: Martionei Gomes, Luciana Costa, Kênia Coimbra e Luciomar Aquino em atividade de construção de cenários para o Jardim Teresópolis e o Árvore da Vida. Betim, MG. Julho de 2014.

estratégico num cenário social. Entendendo, primeiramente, que os próximos 10 anos do Árvore da Vida não podem ser iguais aos do período de 2004 a 2014. O cenário foi modificado, muitos indicadores que elegemos em 2004 melhoraram bastante e a dinâmica naquele território é outra. Outros atores surgiram, como, por exemplo, na área de geração de trabalho e renda, que foi uma prioridade nessa primeira década do Árvore da Vida.

"A Equipe de Inovação da Fiat, que faz parte da Diretoria de Engenharia do Produto, topou construir conosco uma metodologia para traçar cenários para o Jardim Teresópolis e para o Árvore da Vida.

"Junto a Bertha Maakaroun, da Polis, que faz desde 2004 os diagnósticos e avaliações do programa, desenhamos o que chamamos de forças de mudança do território e as tendências de futuro. A partir daí, fizemos quatro *workshops* com pessoas da comunidade, principalmente moradores que participam da Rede de Desenvolvimento Social do Jardim Teresópolis. Com a definição das principais forças de mudança, o Paulo Matos, que pertencia à Equipe de Inovação da Fiat e depois se transferiu para o ISVOR, aplicou a metodologia de construção de cenários. As principais forças de mudança que emergiram do debate são a segurança, o lazer e a cultura, a integração com as vilas vizinhas e a educação. Elas são interdependentes."

Luciana dá alguns exemplos: "A comunidade se ressente da dominação do tráfico de drogas, que ainda hoje cria limitações, por exemplo, para a livre circulação das pessoas, ou seja, para a integração das vilas, para o acesso a serviços de educação e saúde, e a espaços de lazer. A Vila Recreio só tem escolas municipais – e, consequentemente, apenas a educação básica, do 1º ao 9º ano.

"As escolas estaduais, responsáveis pelo ensino médio, estão na parte chamada de Teresópolis. Como há uma disputa entre gangues do tráfico de uma e outra parte do território, os adolescentes da Vila Recreio acabam sendo obrigados a fazer o ensino médio fora da Região do Jardim Teresópolis. O mesmo problema afeta o acesso ao complexo esportivo público instalado na região.

"O combate à violência é uma tarefa complexa, depende de vários fatores, como a forma de atuação da polícia no território. O papel primordial que o Árvore da Vida pode exercer é de prevenção primária da violência. Quando a gente oferece atividades socioeducativas para jovens, a gente educa, fortalece os vínculos sociais e abre horizontes que estão fora da lógica do tráfico de drogas."

Ainda com relação à segurança, ela destaca a função articuladora que podemos exercer entre o poder público, que possui a competência formal da segurança pública, e as instituições da sociedade civil que desenvolvem projetos nessa área, como o Instituto Minas Pela Paz, do qual a Fiat é cofundadora.

Segundo Luciana, juntamente à segurança, a educação foi a força de mudança mais destacada pela comunidade. "Entendemos que uma transformação na educação é capaz de causar impactos em vários indicadores. Pensamos na educação formal, nas seis escolas públicas da região, retomando com bastante vigor as ações de formação e aperfeiçoamento de educadores, mas também em atividades complementares, como aulas de reforço para as crianças e adolescentes."

PLANEJAR EM REDE

A identificação dessas principais forças de mudança não serve somente ao Árvore da Vida. É também instrumento valioso para o planejamento das instituições existentes no território, que formam a Rede de Desenvolvimento Social do

Jardim Teresópolis, a começar pelo poder público. Podemos e devemos trabalhar em rede, somando esforços, apoiando iniciativas de cada instituição. Na área de lazer e cultura, por exemplo, planejamos intensificar o uso do Complexo Esportivo Riccardo Medioli. Esse equipamento nasceu de uma parceria da Fiat com a Prefeitura de Betim. A empresa doou o terreno, e o município construiu quadras, campo de futebol e outros equipamentos.

Posteriormente, por meio do Árvore da Vida, a Fiat financiou a cobertura das quadras e a iluminação e fez uma grande parceria com a Prefeitura, apoiando oficinas de esporte para crianças e adolescentes, não só no Jardim Teresópolis, mas em várias regiões do município. Houve ano em que tivemos 800 meninos e meninas matriculados nas oficinas de esporte do Árvore da Vida. O programa manteve ininterruptamente essa atividade, com no mínimo 200 alunos por ano nas oficinas. Agora, queremos intensificar, usando, por exemplo, o Complexo Ricardo Medioli à noite, evitando que esse equipamento fique à mercê da depredação ou que dê abrigo para atividades ilícitas.

Complexo Esportivo Riccardo Medioli, no Jardim Teresópolis. Betim, MG.

Está claro que parcerias como as realizadas com o município precisam ser ampliadas. O Jacopo Sabatiello, diretor de projetos da AVSI, nossa parceira desde o começo, costuma destacar que o objetivo final do programa é a sustentabilidade do território, independentemente de quem vai realizá-la:

"Quando me perguntam o que é mais difícil – abrir o leque de ações do Árvore da Vida ou ampliar o número de beneficiários –, digo que não sei. Prefiro apontar o nosso principal desafio: envolver mais parceiros nesse processo e aumentar a participação dos parceiros atuais. Porque só através da junção de forças nós conseguiremos alcançar estes dois resultados: agregar mais ações e ampliar o número de beneficiários. Falo não somente de parceiros externos públicos ou privados, mas também internos, de pessoas e instituições da própria comunidade. Isto é, precisamos fortalecer essa parceria multissetorial que estamos construindo há 10 anos para que cada um possa cada vez mais se comprometer com o processo de desenvolvimento nem tanto do programa, mas principalmente do território. Pode ser pelo

Participantes das oficinas de esporte do programa Árvore da Vida. Betim, MG.

Árvore da Vida, pode ser através de outro projeto ou apoiando a instituição X ou Y, criando sinergias."

Ao falar da importância das parcerias para a sustentabilidade do programa, é relevante destacar depoimentos como o de Valter Sales, Diretor de Vendas e Marketing da Maxion Wheels, empresa fornecedora da Fiat, que se encantou com o Árvore da Vida desde o dia em que visitou pela primeira vez as oficinas de percussão e esportes:

"Pude constatar, pessoalmente, o bem que aquele programa estava fazendo àquela comunidade. Naquele dia a diretoria da Maxion Wheels não teve dúvidas do potencial do Árvore da Vida, e fazer parte desta iniciativa foi um processo muito natural e totalmente alinhado aos nossos próprios valores coorporativos. E como não poderia ser diferente, já colhemos frutos importantes, como o estabelecimento de parceria com a Cooperárvore para fornecimento de uniformes para nossas fábricas e a organização de visitas de turmas das atividades socioeducativas do Árvore da Vida em nossa fábrica de Limeira para intercâmbio de experiências com outros projetos sociais apoiados pela Maxion Wheels. É um orgulho fazer parte desta história."

Em visita à comunidade do Jardim Teresópolis, Donald Polk, presidente, e Valter Salles, diretor de Vendas e Marketing, ambos da Maxion Wheels (fornecedora Fiat e parceira desde o início do programa). Na ocasião, foram doados tatames para atividades esportivas. Betim, MG. Abril de 2007.

O INSTITUTO ÁRVORE DA VIDA

Dando um passo à frente, com base nesse conceito enunciado pelo Jacopo, tomamos a decisão de criar o Instituto Árvore da Vida, que significa sair de um modelo de gestão do programa dividido entre a Fiat e as ONGs AVSI e CDM para uma personalidade jurídica em que a comunidade e outros parceiros terão assento, voz, voto e responsabilidades.

A materialização dessa ideia é a sede própria do Árvore da Vida que será construída no coração do bairro, próximo às vizinhas Vila Bemge e Vila Recreio. O terreno de 1,5 mil m² já foi adquirido pela Fiat, e o prestigiado arquiteto Gustavo Penna doou o projeto da edificação. Serão 1.552 metros de área construída com o conceito de centro cultural, aberto a todas as iniciativas do Jardim Teresópolis, não só as do Árvore da Vida. Por exemplo, se a comunidade quiser uma escola de DJs, uma oficina de grafitagem ou aulas de línguas, vai ter espaço para isso. O projeto arquitetônico do Gustavo Penna também prevê espaço para apresentações públicas. Assim, as famílias poderão ver espetáculos protagonizados pelos próprios filhos.

Na presença de Marco Antônio Lage, o arquiteto Gustavo Penna faz a doação simbólica do projeto da nova sede do programa Árvore da Vida a Seu Bené, líder comunitário do Jardim Teresópolis. Betim, MG. 6 de setembro de 2011.

Marco Antônio Lage, Pietro Sportelli (presidente da Aethra) e jovens do Árvore da Vida: planos para o futuro e para a construção da nova sede do programa. Betim, MG. Agosto de 2015.

Para viabilizar a construção da sede, o envolvimento de funcionários voluntários, fornecedores e empresas parceiras tem sido fundamental. Fornecedor da Fiat desde a construção da fábrica, no início dos anos 1970, o empresário Pietro Sportelli, hoje dono da Aethra (uma das principais empresas de estamparia), é um dos maiores entusiastas dessa construção e tem se dedicado pessoalmente à formulação do projeto. Colocou sua equipe da área de obras civis para construir a edificação e liga pessoalmente para outros empresários solicitando apoio, sobretudo a doação de materiais. Pietro Sportelli tem sido um exemplo de integração e participação das empresas da Rede em um projeto de cidadania, de desenvolvimento local inclusivo.

São envolvimentos como esse que sinalizam o novo tempo que está por vir. Um tempo de amplo empoderamento do projeto, no qual a comunidade passa a responder efetivamente por toda a gestão. Nesse contexto, a nova sede do Árvore da Vida simboliza, sem dúvida, a confiança no futuro advinda da maturidade do projeto. Os próximos anos prometem uma experiência histórica em termos de ação social no Brasil.

É chegada a hora de o protagonismo da comunidade assumir de vez o projeto. Este cresceu, amadureceu, criou e fortaleceu raízes que o sustentaram até aqui. Deu frutos que, agora, devem passar por um desdobramento natural e desejável: a transferência efetiva da gestão para a própria comunidade. Ao longo de 10 anos, lideranças capazes de empreender essa missão surgiram e se consolidaram. Elas se forjaram e se afirmaram na experiência prática, no dia a dia vivenciado com intensidade em cada etapa do projeto. Uma nova e importante fase se impõe. A iniciativa com a qual eu sonhei lá atrás, e que levamos à frente, superando inúmeros desafios, já não me pertence mais. O Árvore da Vida não é mais um projeto da Fiat e nem de ninguém especificamente. É de todos. É um patrimônio do Jardim Teresópolis e de sua gente.

Ao contrário da grande maioria dos projetos sociais patrocinados por empresas, e que acabam criando uma permanente dependência de recursos e de gestão, o Árvore da Vida sempre almejou a autonomia. Desde a identificação das melhores ideias a serem desenvolvidas na comunidade até a formação e a capacitação de lideranças, em todos os momentos se buscou um

Encontro entre as equipes da Fiat, da Fundação AVSI e da CDM e a comunidade do Jardim Teresópolis, visando ao desenvolvimento de estratégias para os próximos anos do programa Árvore da Vida. Betim, MG. Julho de 2014.

projeto que pudesse construir a sua sustentabilidade. Chegou a hora de dar um novo salto. É a hora certa para dizer, em alto e bom som: este é um projeto de todos nós. Não é um projeto da empresa X ou Y, é um projeto *com* as empresas. De qualquer uma que queira ser parceira e contribuir, e de todos que queiram voluntariamente participar.

Neste momento em que reavalio com franqueza e humildade a missão a que me propus realizar, sinto-me como o pai que vê o filho sair para o mundo, responsável e confiante, pronto para alçar seu voo solo. Abro meu coração para dizer que não há sentimento de perda ou de tristeza. O que eu sinto, de verdade, é orgulho.

EPÍLOGO
HISTÓRIAS DE HOJE E SEMPRE

Este livro buscou registrar uma história de verdade, repleta de emoção, expectativas, trabalho e esperança. Uma história enorme em sua dimensão humana, formada de centenas ou milhares de pequenas histórias de vida. Tenho orgulho de ser testemunha desse percurso protagonizado, acima de tudo, pelos moradores do Jardim Teresópolis. Eles estão mudando seus destinos. O recado é simples: não é fácil, não é da noite para o dia, mas é possível. O mundo pode ser melhor do que é. A nossa cidade pode ser. O nosso bairro pode ser. A vida de cada um merece ser.

Todas essas histórias presentes no livro já estão, desde agora, contadas e preservadas. Aconteceram. Mas enquanto este livro era escrito ou mesmo agora, enquanto o leitor se debruça sobre ele, o Jardim Teresópolis continua proporcionando novas histórias. Pequenas e grandes, alegres ou nem tanto, mas sempre cheias de vida. A história que eu acabo de contar está apenas começando – e eu desejo que ela nunca termine, pois a cada dia é preciso renovar a crença de que é possível transformar o mundo. Um mundo que guarde todos os sonhos de toda a gente do Jardim Teresópolis.

APÊNDICE
COMPARTILHANDO RESULTADOS

Em um programa como o Árvore da Vida, com uma pluralidade de atividades realizadas ao longo de 10 anos, dados quantitativos se somam aos qualitativos para demonstrar os resultados alcançados.

Cada página deste livro apresenta histórias de transformação que são, sem dúvida, a razão de ser de um programa de promoção da cidadania. No entanto, é necessário o acompanhamento de indicadores, números e processos para completar a mensuração da efetividade das ações.

Neste sentido, desde sua idealização, em 2003, vem sendo feito o monitoramento de indicadores sociais do território, bem como, a partir de 2004, a sistematização das informações de cada atividade do programa.

As pesquisas de impacto foram realizadas em 2004, 2008, 2011 e 2013 pelo Instituto Polis, o que permite avaliar a dinâmica de desenvolvimento do território ao longo dos anos. Indicadores de gestão e resultados específicos do programa são mensurados anualmente e apresentamos, a seguir, uma amostra desses números* e sua relação com a ampliação de oportunidades geradas pelo Árvore da Vida aos moradores do Jardim Teresópolis.

---

* Os números apresentados representam o valor consolidado do indicador entre 2004 e 2014, variando de acordo com o período em que a atividade foi ofertada.

Jovens do Jardim Teresópolis em atividade socioeducativa.

- Mais de 21.000 pessoas foram diretamente beneficiadas pelo Árvore da Vida.
- 96% das famílias consideram o programa bom ou ótimo.
- Entre os programas sociais que mais ajudam a comunidade, o Árvore da Vida é o mais reconhecido pelos moradores do Jardim Teresópolis, com 39,2%. Em segundo lugar está o Bolsa Família, com 28,9% das citações.

EIXO: SOCIOEDUCATIVO
Abordagem integral de formação humana para crianças, jovens e suas famílias.

- 9.206 alunos se beneficiaram diretamente das atividades socioeducativas.
- A participação no programa Árvore da Vida está muito relacionada à escola formal. Considerando os jovens de até 18 anos que participam do programa, 96,6% estudam.
- A taxa de permanência na escola subiu de 84% em 2004 para 99% em 2014. No mesmo período, o índice de aprovação na escola aumentou de 71% para 95%.

- Adolescentes do Árvore da Vida têm 3,6 vezes mais chances de concluir o ensino médio e 4,8 vezes mais chances de concursar o ensino superior.

Grafite:
- Aulas de criatividade, desenho e história da arte.
- Viagens de campo em cenários do patrimônio cultural brasileiro: Betim, Brumadinho (Inhotim), Belo Horizonte, Ouro Preto, Brasília, Rio de Janeiro, São Paulo.
- 94 alunos participaram desta atividade.
- Intervenções em 17 muros de instituições no Jardim Teresópolis.
- 20 artistas do grafite convidados para as intervenções.
- Intervenções artísticas em carros Fiat: Stilo, Idea, Novo Palio, Novo Uno.

Jovem do Árvore da Vida faz intervenção artística em carro da Fiat.

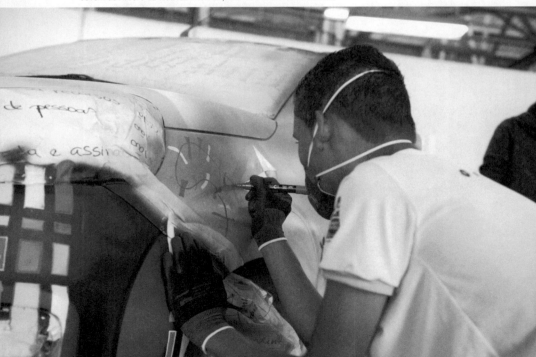

Cinema:
- Cultura e entretenimento para toda a família.
- Exibição de 21 filmes nacionais, em 24 sessões.
- Mais de 600 expectadores em cada sessão.
- Participação de atores de cada filme em bate-papos com a comunidade.
- Realização de oficinas de produção audiovisual e de filmes de animação.
- 200 alunos participantes das oficinas de produção e animação.
- Seleção da animação *Não há lugar melhor que o nosso lar*, no Festival do Rio, e viagem dos jovens para mostra do vídeo no Rio de Janeiro.

Esportes:
- No Árvore da Vida, os esportes são usados para ensinar valores como disciplina, dedicação e cooperação.
- Contribuem para a formação humana dos participantes.
- 5.892 participantes nas atividades esportivas.
- Atividades de futebol, vôlei, basquete, judô, natação e atletismo.

Jovens do Jardim Teresópolis em atividade socioeducativa do Árvore da Vida.

- Realização de torneios, jogos amistosos e miniolimpíadas entre equipes de outros projetos sociais.
- Doação de terreno e parceria com a Prefeitura de Betim na construção e estruturação do Complexo Esportivo Riccardo Medioli.

Imersão cultural:
- Vivência da cultura para a formação humana.
- 3.316 beneficiários diretos de ações de imersão cultural.
- Cursos de memória e história, explorando a formação e o desenvolvimento do território e a composição das famílias e da comunidade.
- Visitas às exposições da Casa Fiat de Cultura.
- Excursões temáticas, reforçando conceitos e ideias discutidos em sala de aula em atividades práticas no dia a dia das cidades.
- Oficinas de fotografia, vídeos e educomunicação para 270 alunos.
- Produção do programa de televisão TV Árvore da Vida, com parceria e transmissão do canal de televisão universitário da PUC Minas. Foram oito programas produzidos com a

Jovens do Jardim Teresópolis em atividade de formação na Bienal Internacional de Arte de São Paulo. 2010.

participação direta de 16 jovens do Jardim Teresópolis desde a pauta até a produção, entrevistas, geração e edição de imagens. A exibição se deu na PUC TV (canal a cabo na grande Belo Horizonte) e em sinal aberto na TV Betim, atingindo o público de moradores do bairro Jardim Teresópolis.

Espetáculos:
- A música como forma de inclusão social e valorização humana.
- 1.836 alunos participantes das oficinas de percussão, canto e dança.
- Produção do musical em DVD: *A Zeropeia*, transmissão pela Rede Minas de televisão.
- Apresentação com Andrea Bocelli e Orquestra Sinfônica de Minas Gerais.
- CD *Diversidade*.
- Show Reciclagem, com as bandas Cálix e Amaranto.
- Apresentações em marcos institucionais da Fiat, como a inauguração da Casa Fiat de Cultura e o lançamento da Pedra Fundamental da fábrica da FCA em Pernambuco.
- Espetáculo *Do Outro Lado*, com o Grupo Ponto de Partida.

Jovens do Jardim Teresópolis em atividade socioeducativa do Árvore da Vida.

EIXO: GERAÇÃO DE TRABALHO E RENDA

Preparação para o mercado de trabalho e incentivo ao empreendedorismo para jovens e adultos.

- Entre todas as famílias do Jardim Teresópolis, 74,1% apontam a qualificação profissional como atividade de maior potencial transformador da vida dos moradores.
- Nesse item, o Árvore da Vida ofertou capacitação profissional para 1.578 alunos e formou mais 952 jovens aprendizes.
- Inserção de 1.442 pessoas do Jardim Teresópolis no mercado de trabalho.
- Em 2013, 44,3% das famílias com membros participantes do Árvore da Vida disseram que o programa contribuiu para aumentar a renda familiar. Efetivamente, o aumento na renda média familiar da região entre os participantes do programa foi de 106% e de não participantes foi de 63%, entre 2004 e 2013.

Cooperárvore
- A Cooperárvore já produziu e vendeu mais de 233 mil peças, e já reutilizou 24 toneladas de materiais desde 2006.
- Mais de 100 participantes diretos na Cooperárvore.
- Aumento de 102% no faturamento da Cooperativa.
- Aumento de 100% na retirada mensal das cooperadas.

Cursos profissionalizantes:
- Cursos de qualificação profissional para mais de 1.578 pessoas.
- Cursos customizados para a Fiat, seus fornecedores e concessionários.
- Oficinas de elaboração de currículos e procedimentos de entrevista.
- Orientações vocacionais.
- Formação e encaminhamento de 952 jovens aprendizes para o 1º emprego.

Empreendedorismo:

- Acompanhamento e disponibilização de cursos e oportunidades de profissionalização a 561 empreendedores da região.
- Cursos de viabilidade econômica para oferta de microcrédito para 60 empreendimentos da região, possibilitando o fortalecimento de pequenos negócios.
- O Árvore da Vida apoiou a fundação da Associação Comercial do bairro, a ASCOTE.

EIXO: FORTALECIMENTO DA COMUNIDADE

Autonomia e protagonismo dos moradores para reconhecer os desafios de desenvolvimento da região e trabalhar as potencialidades presentes no território.

- Mais de 35 instituições envolvidas em ações de articulação e desenvolvimento territorial.

Conexão Terezópolis

Um dos resultados mais relevantes, sem dúvida, é a nova forma de mobilização e relação social no Jardim Teresópolis. Instituições, empresas, governo, famílias e cidadãos estão cada vez mais alinhados sobre as demandas e cada vez mais articulados na busca de soluções para os grandes desafios que ainda se apresentam para a região.

Nesse sentido, uma importante ferramenta está disponível para os moradores e para todos que querem participar desse processo contínuo de desenvolvimento. É o Conexão Terezópolis, uma plataforma on-line com informações e convergência de ações em prol do desenvolvimento permanente dessa comunidade: www.conexaoterezopolis.com.br.

Essa plataforma apresenta um sistema de indicadores em áreas como educação, saúde, trabalho, moradia, entre outras, com o objetivo de facilitar o planejamento da intervenção no território.

É o Árvore da Vida lançando mais uma semente para impulsionar o exercício pleno da cidadania.

INDICADORES DO JARDIM TERESÓPOLIS

Comparando dados da região do Jardim Teresópolis ao longo dos anos, é possível perceber os enormes desafios desse território. Apresentamos, abaixo, alguns dados em que houve melhoria:

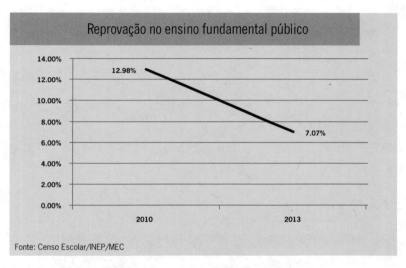
Fonte: Censo Escolar/INEP/MEC

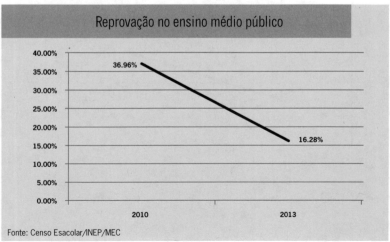
Fonte: Censo Esacolar/INEP/MEC

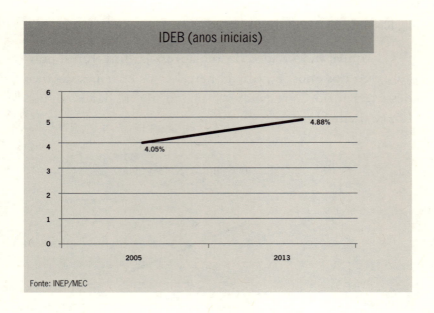
Fonte: INEP/MEC

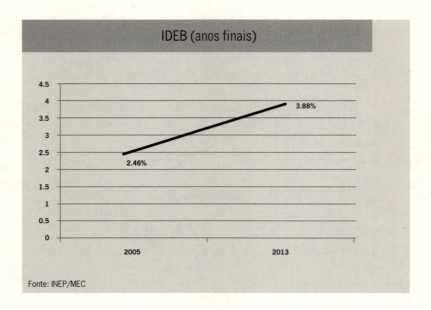
Fonte: INEP/MEC

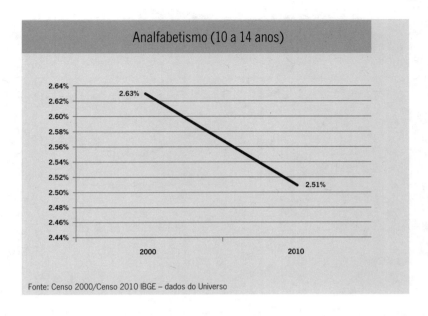

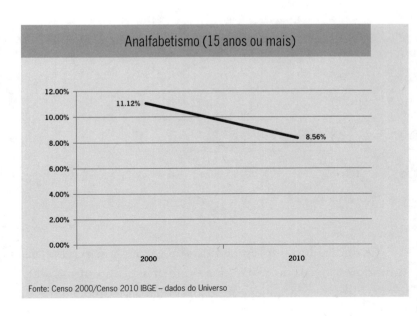

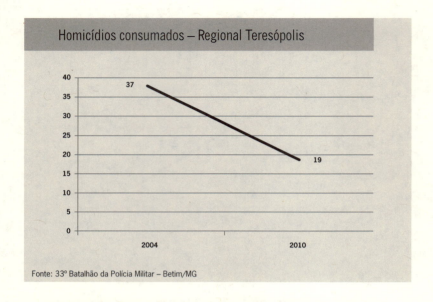

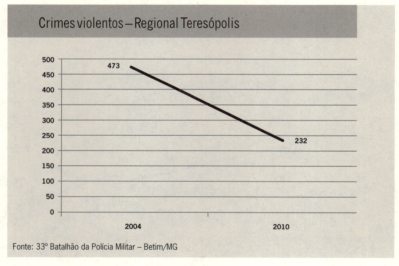

Os indicadores apresentados são apenas um recorte de indicadores sociais do bairro. Para informações aprofundadas, acesse: http://www.conexaoterezopolis.com.br/indicadores/.

ENCONTROS INSPIRADORES

Ao longo dos 10 anos do Árvore da Vida, muitas personalidades cruzaram o caminho da comunidade, especialmente dos jovens. Com cada uma delas, a realização de um sonho e a inspiração para seguir os passos de pessoas que são referência para a sociedade.

Diretoria da Fiat e alunos do Árvore da Vida recebem a visita do presidente do Conselho de Administração da FCA, John Elkann, e do empresário Jorge Paulo Lemann.

Os cantores Sandy e Xororó com jovens do Árvore da Vida nos bastidores dos ensaios para o show de Andrea Bocelli na Fundação Clóvis Salgado. Belo Horizonte, MG. Novembro de 2011.

Oficina de arte com o ator e *rapper* Thaide. Betim, MG. Março de 2007.

210 ÁRVORE DA VIDA

Os atores Sidney Santiago e Cynthia Falabella na exibição do filme *Os 12 trabalhos*, do projeto Cine Jardim. Betim, MG. Agosto de 2007.

O ator Milton Gonçalves em visita à Cooperárvore, depois de participar da exibição do filme *As filhas do vento*, no projeto Cine Jardim. Betim, MG. Maio de 2007.

Durante o Salão do Automóvel de 2004, os pilotos Michael Schumacher e Rubens Barrichello são recebidos no estande da Fiat por C. Belini, então presidente da Fiat Automóveis do Brasil, e por participantes do Árvore da Vida. São Paulo, SP. Outubro de 2004.

Crianças recebem Ronaldo Fraga em visita à creche Tia Dulce, no Jardim Teresópolis. A exposição *Lendas do Sertão*, criada pelo estilista, serviu de inspiração para o estudo do Rio São Francisco. Betim, MG. Novembro de 2010.

Jovens do Árvore da Vida participam do show *Reciclagem*, do trio Amaranto e banda Cálix, no Minascentro. Belo Horizonte, MG. Março de 2009.

Regina Bertola, diretora do Grupo Ponto de Partida, ensaia os jovens do Árvore da Vida para o espetáculo *Do Outro Lado*. Barbacena, MG. Outubro de 2014.

Jovem do Árvore da Vida, Maicon Douglas da Silva, canta durante as gravações do DVD *A Zeropeia*, tendo ao fundo os músicos Flávio Henrique, Kadu Vianna, André Queiroz, Mariana Nunes e Lucas Avelar. Belo Horizonte, MG. Julho de 2009.

A professora Babaya ministra oficina de preparação vocal para participantes do coral Árvore da Vida. Betim, MG. Agosto de 2013.

João Barone, baterista de Os Paralamas do Sucesso, em visita ao programa Árvore da Vida. Betim, MG. Junho de 2012.

SER EXEMPLO PARA MULTIPLICAR ATITUDES

Nacionalmente, a qualidade do trabalho da Cooperárvore foi reconhecida, em 2012, pelo Prêmio Economia Criativa, concedido pelo Ministério da Cultura.

No mesmo ano, o Árvore da Vida foi eleito um dos 50 melhores projetos sociais brasileiros no Prêmio ODM Brasil, realizado pela Presidência da República em parceria com o Programa das Nações Unidas para o Desenvolvimento (PNUD).

HISTÓRIA DE TRANSFORMAÇÃO

Maria e Ana moram no Jardim Teresópolis, em Betim, Minas Gerais. Ambas têm muito em comum: são vizinhas, têm filhos e trabalham fora para ajudar no rendimento familiar. Mas têm formas distintas de olhar e de compreender o mundo.

No trajeto para o trabalho, Maria observa atenta, da janela do ônibus, o dia a dia da comunidade. Ana é introspectiva e não se envolve com o que ocorre ao seu redor. Maria participa dos encontros da Rede de Desenvolvimento Social do Teresópolis, um espaço no qual os moradores se unem na busca de melhorias para a qualidade de vida da região. Ana prefere não frequentar reuniões ou qualquer tipo de ação de mobilização.

Maria percebeu que o trânsito no centro do bairro estava ficando cada dia pior. Na reunião da Rede de Desenvolvimento Social do Teresópolis, ela expôs suas impressões e analisou o problema junto a outros moradores. Eles decidiram abrir diálogo com o poder público para solicitar melhorias na sinalização de tráfego. Ana, porém, não se interessou pelo assunto.

Por ser justa e acertada, a demanda foi atendida e, hoje, o tráfego está fluindo melhor no bairro. Maria está chegando mais rápido ao trabalho e consegue voltar para casa mais cedo. Ana também.

Maria e Ana são nomes fictícios de uma história real, que reúne dezenas, centenas de pessoas com diferentes graus de percepção da própria cidadania e que atesta o poder de transformação de um programa social em um território.

A Rede de Desenvolvimento Social do Teresópolis foi criada pelos próprios moradores em ação impulsionada pelo programa social Árvore da Vida. A Rede é um dos frutos dessa grande árvore, que completou 10 anos, com raízes cada vez mais fortes e fundas, nutridas pelo desafio de que sempre podemos modificar ou melhorar a sociedade em que vivemos se agirmos coletivamente.

Tive o privilégio de acompanhar o desenvolvimento do Árvore da Vida. Ao longo desses anos, aprendi muito com o que vi no Jardim Teresópolis. Pude constatar que o que faz de um morador um cidadão é a sua capacidade de transformar, em cooperação com os outros, o território em que vive. Essa ideia tornou-se a própria essência do Árvore da Vida.

Longe de ser um programa assistencialista, que cria dependência, o Árvore da Vida tem como valores fundamentais a cidadania e a autonomia – conceitos que estão presentes na base das diversas ações socioeducativas, de geração de trabalho e renda e de fortalecimento da comunidade que compõe o programa.

O tempo e a prática nos ensinaram a construir pontes para as parcerias com o poder público, com a iniciativa privada e o terceiro setor. Quando juntamos esforços e conhecimentos, tornamos possível solucionar dilemas sociais e, principalmente, prevenir problemas.

O desenvolvimento não é coisa do destino, mas resultado daquilo que nós mesmos construímos com esforço e empenho.

O filósofo Aristóteles afirmou: "Nós somos o que fazemos repetidamente; a excelência não é um feito, e sim, um hábito".

Vamos, pois, praticar a excelência de que somos capazes.

Parabéns ao Árvore da Vida!

Cledorvino Belini
**Presidente de Desenvolvimento
da FCA para a América Latina**

AUTOR E SUA OBRA

Em 2004, Marco Antônio Lage já era um profissional reconhecido, com 13 anos de carreira na Fiat Automóveis. Como diretor de Comunicação Corporativa da empresa, havia guiado o crescimento e a importância da área, partindo de uma Assessoria de Imprensa, à qual acrescentou grande capacidade técnica, para chegar a uma equipe integrada que reunia também as áreas de Relações Públicas e de Eventos.

O trabalho corria bem. A alta direção da Fiat conferia cada vez maior importância à Comunicação e os resultados deste trabalho eram reconhecidos também pelos jornalistas e por outros parceiros da empresa. A marca Fiat avançava decididamente para a liderança do mercado brasileiro de automóveis e comerciais leves, posição que mantém até hoje.

A Comunicação já alcançara complexidade e maturidade, orientando a ação integrada, isto é, a coordenação dos agentes e fluxos envolvidos no relacionamento entre a empresa e o público externo. Sua execução propiciava um alinhamento de processos em suas dimensões institucional, mercadológica e corporativa, estabelecendo uma linguagem comum. Além de ser integrada, a Comunicação na Fiat também já havia alcançado o estágio de ser integral e indutora. Era – e continua a ser – integral porque disseminava-se a mesma informação a todos os níveis dos principais públicos. A informação assim alinhada enraíza-se nas estruturas da empresa, de modo que ação e informação tenham coerência e credibilidade, alcançando também concessionários, fornecedores e outros parceiros.

O modelo de comunicação desenvolvido pela Fiat completava-se com a terceira vertente, a de comunicação indutora. Ao compor o núcleo decisório da corporação, a comunicação é componente orgânico da estratégia. Toma parte nas decisões mais importantes, como as que envolvem investimentos, lançamentos e relacionamentos.

Com processos bem organizados e resultados reconhecidos, a área de Comunicação estava muito próxima da zona de conforto, o que trazia o risco de acomodação do gestor e de sua equipe. Mas antes que isso acontecesse, Marco decidiu ampliar os próprios conceitos de Comunicação Corporativa, lançando novos desafios para si mesmo e para todo o time. Como todo processo vital, a Comunicação é uma atividade sem pausa e sem fim.

A fronteira que começou a ser quebrada no ano de 2004 foi a do relacionamento com a comunidade do entorno. Trata-se de uma ação que nasceu da compreensão de dois aspectos: que a Comunicação Corporativa é a face pública da empresa e sua interface com a sociedade; e, por outro lado, a comunidade em que está inserida é um *stakeholder* cada vez mais importante para a empresa.

A Fiat se instalou em Betim, Minas Gerais, em 1976. Aqueles eram tempos muito diferentes dos atuais, pois a industrialização e a urbanização estavam em processo acelerado de expansão. Era comum o surgimento de aglomerados urbanos precários no entorno das empresas que ocupavam a periferia dos centros urbanos ou as áreas industriais que então surgiam. Foi assim que, diante da Fiat, do outro lado da BR-381, formou-se uma comunidade imensa chamada Jardim Teresópolis. Ambos permaneceram blindados um para o outro, até que a comunicação estabelecesse as primeiras pontes e as bases do que se tornaria a política de relacionamento com a comunidade.

Essa bela história de aproximação entre dois mundos e de transformação é contada neste livro por Marco Antônio Lage. O importante é destacar que o relacionamento que se estabeleceu com a comunidade é movido pela convicção de que a empresa não pode pretender ser sustentável se não trabalhar para que a comunidade também o seja. A desigualdade e a exclusão não são sustentáveis.

Ao longo dos últimos dez anos, essas ideias evoluíram e ganharam força, constituindo o fundamento da política de relacionamento com a comunidade da Fiat Chrysler Automobiles (FCA). Marco Antônio Lage tem, hoje, suas responsabilidades ampliadas como diretor de Comunicação Corporativa e Sustentabilidade da FCA na América Latina. Para nós da Comunicação Corporativa da FCA, essas experiências reforçaram nossa convicção de que nossa missão, mais do que técnica, exige ética e estética, para que possamos sempre agir com transparência e clareza na construção de relacionamentos baseados na credibilidade.

A Equipe de Comunicação Corporativa da FCA

Este livro foi composto com tipografia Bembo e impresso
em papel Off-White 80 g/m² na Formato Artes Gráficas